Cuentos de las Américas

IMAGINACIÓN Y FANTASÍA

Edited by

DONALD A. YATES and JOHN B. DALBOR

Michigan State University   Pennsylvania State University

Holt, Rinehart and Winston, New York

31716-0110

Printed in the United States of America

Preface

This text is designed to offer an introduction to Spanish American imaginative fiction. We have viewed the term "imaginative" in a broad fashion and have included here fable, fantasy, detective fiction, and science fiction. The feature that the twelve stories in this collection share is that of an *individualistic* vision of the world which, in each story, serves as the background for characters and action—a world based not so much on the author's observation as on his imagination.

This type of fiction has its special charms. We feel that, above all, the stories presented here are immediately appealing and absorbing as *stories*. They are *about* things that are in themselves interesting.

In the pages that follow, the student will read of Anderson Imbert's gravity-defying Pedro, Quiroga's strongly partisan sting-rays, Eisen's calculating murderer, Nervo's real "fallen angel"; he will learn of Arreola's comical, but frightening national railway system, Arlt's version of doomsday, and Riva Palacio's unique, but not too implausible school in the forest.

There is much fresh, new material here. Of the dozen tales, only four, to our knowledge, have previously been included in reading texts. Authors now familiar in this country and authors little-known outside Spanish America have contributed to this book; for our main criterion has been simply that each author present his imaginative tale effectively, in standard Spanish prose.

Although both nineteenth and twentieth century authors are included, writing in a variety of "styles," and although a total of six Spanish American countries are represented by the eleven authors, we have not attempted to make this text representative by country, by generation, or by literary style. It is precisely when one attempts to be representative in one or more of these fashions that the basic "appeal to the reader" (which all good stories have) is reduced and sometimes lost.

All of these factors, we feel, contribute to the *readability* of this anthology.

*

The exercises following the stories have been prepared with definite purposes in mind. Exercise A, the *cuestionario*, is more than just a series of questions. It is a drill, which may be either written or oral, designed to lead to a full comprehension of the most significant features of the respective story. Also, it provides the occasion for calling into use a particular new idiom, verb, or expression.

Exercise B deals with verbal patterns taken from the story. Some of them, to be sure, are essentially vocabulary items. But the large majority are idiomatic in their English translation and deserve special attention. In requiring, in each case, the use of the idiom in two tenses, it is our purpose to increase the possibility of mastering the new verbal idea as well as open new avenues of expression. Also, in many cases, the double use of the pattern has allowed us to give more than a single possible English translation. We have attempted throughout (in the notes as well as in the exercises) to give good, natural, and where appropriate, colloquial English for the Spanish term.

Exercise C, much less demanding than A and B, serves to stress the most important non-verbal expressions used in the story. Additional review exercises, which are self-explanatory, have occasionally been included.

SUPPLEMENTARY TAPES

The following taped materials are available for use in the language laboratory in conjunction with class use of the text:

(1) Uninterrupted, natural-speed readings of the stories of the text.

(2) The *cuestionarios* of the printed text (Exercise A) with appropriate answers.

(3) Aural-comprehension tests, or drills, on the idioms of each of the stories printed in the text. *Not printed in the text.*

(4) A series of "pattern" drills on basic grammatical constructions found in each story of the printed text. *Not printed in the text.*

(5) Two entirely new stories, not found in the text, read natural-speed, in their entirety. The first of these may be used as an aural-comprehension test midway in the course; the second at the end. *Not printed in the text.*

For use with these two "aural-comprehension" stories, there is given on the tapes immediately following each, an aural-comprehension true-false quiz.

The "extra" vocabulary of each of these stories is found immediately following the end vocabulary of the printed text. It may be assigned for study by the student before the oral rendition of the story.

*

We would like to express our thanks to Carlos M. Terán, Alvaro Gärtner, Carlos Astiz, and María Teresa de Astiz for generous assistance in the preparation of this book.

D. A. Y.

J. B. D.

Table of Contents

A Prefatory Note to the Reader

There are not many things that can seriously delay you from developing, early in your acquaintanceship with the Spanish language, a considerable ability in reading Spanish prose. The stories which follow are presented with the purpose in mind of demonstrating this point. The first story, "Los dos reyes y los dos laberintos," by Jorge Luis Borges, provides an excellent illustration of certain immediate advantages which the English-speaking student enjoys.

The author, Borges, who received his education in Europe, is one of the most cultured literary figures of his country. His prose is by nature quite formal, and the vocabulary is notable for the use of many "learned words." The student will find that words of this latter type are among the easiest to translate on sight, for a large number of them are English cognates—they resemble their corresponding terms in English.

Thus it is that we start off with a story written in Spanish by a cultured Argentine which has the promise of being quite easy to understand. The total vocabulary of the story runs to approximately 300 words. Of these, roughly one fifth are nouns. Of the 56 individual nouns, 23 are recognizable cognates. A good part of the remaining nouns will likely already be known to the student. The balance will be new nouns to be learned and retained for future readings.

More than a tenth of the words are verb forms. Of the roughly 30 individual verbs, a third are cognates, and another third will very likely already be known.

The great majority of the remaining words will be familiar to the student. Therefore, we feel that you may turn to *señor* Borges' story with some feeling of confidence.

As you shall see, there are numerous other ways besides spotting cognates of building up a rapid reading vocabulary in Spanish. In the exercises following several of the stories these techniques will be discussed.

We are confident that you will find ahead of you much pleasant and rewarding reading.

Jorge Luis Borges

LOS DOS REYES Y LOS DOS LABERINTOS

Jorge Luis Borges
and the Recurrent Labyrinth

JORGE LUIS BORGES (1899-) *was born in Argentina, educated in Europe, and returned to Buenos Aires in 1921 to begin forging one of the most respected literary reputations ever attained by a Spanish American writer. A leading poet in his early years, he moved in the Thirties into prose expression with essays and stories that have firmly established him as one of the finest literary stylists writing in the Spanish language today. He is presently Director of the Biblioteca Nacional in the Argentine capital—a position comparable to that of our Librarian of Congress.*

Of the numerous metaphysical themes which run through the prose and poetry of Borges, one of the most striking is that of the maze, or labyrinth. A maze is, of course, a system of winding paths designed to confuse all who set foot in it. In Borges, however, the labyrinth becomes a symbol of the universe, an image of what the design of human existence might be. In "Los dos reyes y los dos laberintos" the author deals once more with the labyrinth, proposing a new form for it—perhaps the most terrifying form it may acquire on this earth.

Los dos reyes
y los dos laberintos

Cuentan los hombres dignos de fe (pero Alá[1] sabe
más) que en los primeros días hubo un rey de las
islas de Babilonia que congregó a sus arquitectos
y magos y les mandó construir un laberinto tan
5 perplejo y sutil que los varones más prudentes no se aventura-
ban a entrar, y los que entraban se perdían. Esa obra era
un escándalo, porque la confusión y la maravilla son
operaciones propias de Dios y no de los hombres. Con el
andar del tiempo vino a su corte un rey de los árabes, y el
10 rey de Babilonia (para hacer burla de la simplicidad de su
huésped) lo hizo penetrar en el laberinto, donde vagó

[1] *Alá:* Allah (the Moslem name for God.)

afrentado y confundido hasta la declinación de la tarde.
Entonces imploró socorro divino y dió con la puerta.[2] Sus
labios no profirieron queja ninguna, pero le dijo al rey de
Babilonia que él en Arabia tenía un laberinto mejor y que,
si Dios era servido, se lo daría a conocer[3] algún día. Luego 5
regresó a Arabia, juntó sus capitanes y sus alcaides y estragó
los reinos de Babilonia con tan venturosa fortuna que
derribó sus castillos, rompió sus gentes e hizo cautivo al
mismo rey. Lo amarró encima de un camello veloz y lo
llevó al desierto. Cabalgaron tres días, y le dijo: « ¡Oh, rey 10
del tiempo y substancia y cifra del siglo!, en Babilonia me
quisiste perder en un laberinto de bronce con muchas
escaleras, puertas y muros; ahora el Poderoso ha tenido a
bien[4] que te muestre el mío, donde no hay escaleras que
subir, ni puertas que forzar, ni fatigosas galerías que recorrer, 15
ni muros que te veden el paso. »[5]

Luego le desató las ligaduras y lo abandonó en mitad del
desierto, donde murió de hambre y de sed. La gloria sea
con[6] Aquel que no muere.

Exercises

A. CUESTIONARIO

1. ¿Qué mandó construir un rey de las islas de Babilonia?
2. ¿Por qué era un escándalo esa obra?
3. ¿Quién vino a la corte del rey?
4. ¿Con qué propósito hizo penetrar en el laberinto a su
   huésped?
5. ¿Qué hizo el rey árabe antes de pedir socorro?
6. ¿Qué dijo el rey árabe que tenía en Arabia y que le daría
   a conocer algún día al primer rey?

[2] *dió con la puerta:* he came across the door. [3] *se lo daría a conocer:* he would
make it known to him. [4] *ha tenido a bien:* has seen fit. [5] *que te veden el paso:*
that block your way. [6] *La gloria sea con:* Glory be to.

7. ¿Quién hizo cautivo al rey de las islas de Babilonia?
8. ¿Hasta dónde lo llevaron al rey después de amarrarlo encima de un camello?
9. ¿Es el desierto un laberinto de veras?
10. ¿Cree Vd. que « Dios era servido » en este cuento? ¿Por qué?

B. VERB EXERCISES

Using the expressions in the right-hand column, give the Spanish for the English sentences listed on the left.

1. a) Pedro never makes fun of his friends. *hacer burla de*
   b) I used to make fun of his sister.

2. a) Yesterday we found a new stairway. *dar con*
   b) She'll never come across the door.

3. a) The king has seen fit to abandon the work. *tener a bien*
   b) The Arabs saw fit to return to their kingdom.

4. a) The guest made known his complaints. *dar a conocer*
   b) The man will make his faith known to all.

5. a) They had a new wall built. *mandar* or *hacer*
   b) I will have them brought to your house. (plus an infinitive)

C. COGNATE DRILL

The following words from the story are cognates that you may have been able to recognize owing to their resemblance to known English words. Review them quickly, and see if you can now give their meanings on sight.

NOUNS: *islas, arquitectos, laberinto, escándalo, confusión, maravilla, operaciones, corte, árabes, simplicidad, capitanes, fortuna, castillos, camello, desierto, substancia, cifra, bronce, galerías, gloria, Babilonia, Arabia, Alá.*

VERBS: *congregar, construir, aventurarse, entrar, penetrar, implorar, forzar, abandonar.*

ADJECTIVES: *perplejo, sutil, prudente, confundido, divino.*

Can you now make any generalizations on how certain groups of English words appear in Spanish? What form, for example, do many words with the following endings take in Spanish: *-tion, -ty, -nce, -ent?*

Can a Spanish word begin with *sc-, sl-, sm-, sp-,* or *st-?* What happens to many English words of this type in their Spanish equivalents?

Enrique Anderson Imbert

EL LEVE PEDRO

Enrique Anderson Imbert
and the Intimations of Chaos

ENRIQUE ANDERSON IMBERT *(1910-   ) is a native Argentine who came to the United States fifteen years ago to continue his successful and fruitful career as teacher, author, and literary critic and historian. His novels* Vigilia *(1934) and* Fuga *(1953) and his collection of short stories* Las pruebas del caos *(1946) established him as one of his country's most gifted writers. In 1954 appeared his* Historia de la literatura hispanoamericana, *a valuable work which has since been revised and reissued. Professor Anderson continues to be one of the most frequent and respected contributors to the pages of the principal Argentine literary newspapers and magazines.*

"El leve Pedro," taken from Las pruebas del caos, *is that book's opening story. It is the first suggestion the author gives of the form that chaos might take in our comfortable, everyday world— if some imperceptible malfunction of one of the numerous simple "laws of nature" were to occur. If just one infinitesimal impossibility were to happen, then, as he proposes elsewhere in his book, a cigarette could smoke a man. Or, in a like manner, we might have the case of—"El leve Pedro."*

El leve Pedro

Durante dos meses se asomó a la muerte.[1] El médico murmuraba que la enfermedad de Pedro era nueva, que no había modo de tratarla y que él no sabía qué hacer . . . Por suerte[2] el enfermo, solito,[3] se fué curando. No había perdido su buen humor, su oronda calma provinciana. Demasiado flaco y eso era todo. Pero al levantarse después de varias semanas de convalecencia se sintió sin peso.[4]

—Oye —dijo a su mujer— me siento bien pero no sé . . . el cuerpo me parece . . . ausente. Estoy como si mis

---

[1] *se asomó a la muerte:* he looked death in the face.   [2] *Por suerte:* Luckily.
[3] *solito:* all by himself.   [4] *sin peso:* weightless.

envolturas fueran a desprenderse dejándome el alma desnuda.[5]

—Languideces[6] —le respondió su mujer.

—Tal vez.

Siguió recobrándose. Ya paseaba por el caserón, atendía 5
el hambre de las gallinas y de los cerdos, dió una mano de
pintura verde a la pajarera bulliciosa[7] y aun se animó a[8]
hachar la leña y llevarla en carretilla hasta el galpón.
Pero según pasaban los días[9] las carnes de Pedro perdían
densidad. Algo muy raro le iba minando, socavando, 10
vaciando el cuerpo. Se sentía con una ingravidez portentosa.[10] Era la ingravidez de la chispa y de la burbuja, del
globo y de la pelota. Le costaba muy poco[11] saltar limpia-
mente la verja, trepar las escaleras de cinco en cinco,[12]
coger de un brinco la manzana alta. 15

—Te has mejorado tanto —observaba su mujer— que·
pareces un chiquillo acróbata.[13]

Una mañana Pedro se asustó. Hasta entonces su agilidad
le había preocupado, pero todo ocurría como Dios manda.[14]
Era extraordinario que, sin proponérselo, convirtiera la 20
marcha de los humanos en una triunfal carrera en volandas
sobre la quinta.[15] Era extraordinario pero no milagroso. Lo
milagroso apareció esa mañana.

Muy temprano fué al potrero. Caminaba con pasos
contenidos porque ya sabía que en cuanto taconeara iría 25
dando botes por el corral.[16] Arremangó la camisa, acomodó

---

[5] *Estoy . . . desnuda:* I feel as if my body were floating away, leaving just my
naked soul. [6] *Languideces:* You're still weak. [7] *dió . . . bulliciosa:* he put a
coat of green paint on the noisy bird cage. [8] *aun se animó a:* he even got
up the energy to. [9] *según pasaban los días:* as the days went by. [10] *Se sentía . . .
portentosa:* He felt himself to be marvellously free of gravity. [11] *Le costaba muy
poco:* It was very easy for him. [12] *de cinco en cinco:* five at a time. [13] *pareces un
chiquillo acróbata:* you act like a young acrobat. [14] *todo ocurría como Dios manda:*
nothing out of the ordinary happened. [15] *convirtiera . . . quinta:* he turned a
normal human's walk into a triumphal series of soaring flights over the small
farm. [16] *en . . . corral:* as soon as he put his heels down, he would start
bouncing all over the yard.

un tronco, cogió el hacha y asestó el primer golpe. Y entonces, rechazado por el impulso de su propio hachazo, Pedro levantó vuelo.[17] Prendido todavía del hacha, quedó un instante en suspensión, levitando allá, a la altura de los
5 techos; y luego bajó lentamente, bajó como un tenue vilano de cardo.[18]

Acudió su mujer cuando Pedro ya había descendido y, con una palidez de muerte, temblaba agarrado a un rollizo tronco.

10 —¡Hebe! ¡Casi me caigo[19] al cielo!

—Tonterías. No puedes caerte al cielo. Nadie se cae al cielo. ¿Qué te ha pasado?

Pedro explicó la cosa a su mujer y ésta, sin asombro, le reconvino:

15 —Te sucede por hacerte el acróbata.[20] Ya te lo he prevenido. El día menos pensado[21] te desnucarás en una de tus piruetas.

—¡No, no!, —insistió Pedro—. Ahora es diferente. Me resbalé. El cielo es un precipicio, Hebe.

20 Pedro soltó el tronco que lo anclaba pero se asió fuertemente a su mujer. Así abrazados volvieron a la casa.

—¡Hombre! —le dijo Hebe, que sentía el cuerpo de su marido pegado al suyo como el de un animal extrañamente joven y salvaje, con ansias de huir[22] en vertiginoso galope—.
25 ¡Hombre, déjate de hacer fuerza, que me arrastras![23] Das unos pasos como si quisieras echarte a volar.

—¿Has visto, has visto? Algo horrible me está amenazando, Hebe. Un esguince, y ya empieza la ascensión.

Esa tarde Pedro, que estaba apoltronado en el patio
30 leyendo las historietas del periódico, se rió convulsivamente.

---

[17] *levantó vuelo:* took off. [18] *un tenue vilano de cardo:* the light down of a thistle. [19] *Casi me caigo:* I nearly fell. [20] *Te sucede por hacerte el acróbata:* It's happened because of your playing the acrobat. [21] *El día menos pensado:* One of these days. [22] *con ansias de huir:* anxious to flee. [23] *déjate . . . arrastras!* stop pulling, you're dragging me!

Y con la propulsión de ese motor alegre fué elevándose como un ludión, como un buzo que se había quitado las suelas. La risa se trocó en terror y Hebe acudió otra vez a las voces de su marido. Alcanzó a cogerlo de los pantalones y lo atrajo a la tierra. Ya no había duda. Hebe le llenó los 5 bolsillos con grandes tuercas, caños de plomo y piedras; y estos pesos por el momento le dieron a su cuerpo la solidez necesaria para tranquear por la galería y empinarse por la escalera de su cuarto. Lo difícil fué desvestirlo. Cuando Hebe le quitó los hierros y el plomo, Pedro, fluctuante 10 sobre las sábanas, se entrelazó a los barrotes de la cama y le advirtió:

—¡Cuidado, Hebe! Vamos a hacerlo despacio porque no quiero dormir en el techo.

—Mañana mismo[24] llamaremos al médico. 15

—Si consigo estarme quieto[25] no me ocurrirá nada. Solamente cuando me agito me hago aeronauta.

Con mil precauciones pudo acostarse y se sintió seguro.

—¿Tienes ganas de subir?

—No. Estoy bien. 20

Se dieron las buenas noches[26] y Hebe apagó la luz.

Al otro día cuando Hebe despegó los ojos vió a Pedro durmiendo como un bendito,[27] con la cara pegada al techo. Parecía un globo escapado de las manos de un niño.

—¡Pedro, Pedro! —gritó aterrorizada. 25

Al fin Pedro despertó, dolorido por el estrujón de varias horas contra el cielo raso.[28] ¡Qué espanto! Trató de saltar al revés, de caer para arriba, de subir para abajo. Pero el techo lo succionaba como succionaba el suelo a Hebe.

—Tendrás que atarme de una pierna y amarrarme al 30 ropero hasta que llames al doctor y vea qué es lo que pasa.

Hebe buscó una cuerda y una escalera, ató un pie a su

---

[24] *Mañana mismo:* Tomorrow at the latest. [25] *Si consigo estarme quieto:* If I manage to stay still. [26] *Se dieron las buenas noches:* They said goodnight to each other. [27] *un bendito:* a "baby." [28] *cielo raso:* ceiling.

marido[29] y se puso a tirar con todo el ánimo. El cuerpo adosado al techo se removió como un lento dirigible. Aterrizaba.

En eso[30] se coló por la puerta un correntón de aire que ladeó la leve corporeidad de Pedro y, como a una pluma, la sopló por la ventana abierta. Ocurrió en un segundo. Hebe lanzó un grito y la cuerda se le escapó de las manos. Cuando corrió a la ventana ya su marido, desvanecido,[31] subía por el aire inocente de la mañana, subía en suave
10 contoneo como un globo de color fugitivo en un día de fiesta, perdido para siempre, en viaje al infinito. Se hizo un punto y luego nada.

Exercises

A. CUESTIONARIO

1. ¿Qué dijo el médico de la enfermedad de Pedro?
2. ¿Cómo se sintió Pedro al levantarse después de varias semanas de convalecencia?
3. ¿Por qué dice la mujer de Pedro que éste parece un chiquillo acróbata?
4. ¿Qué ocurrió cuando Pedro dió un golpe con su hacha?
5. ¿Podría ser el cielo un precipicio de veras?
6. ¿Qué le pasó a Pedro una tarde cuando se rió convulsivamente?
7. ¿Con qué le llenó Hebe los bolsillos a su marido?
8. Al despertarse la mañana siguiente ¿qué vió Hebe?
9. ¿Cómo se le escapó de las manos la cuerda?
10. ¿Hasta dónde subió el leve Pedro?

In the exercises following most of the remaining stories there will be "B" and "C" drill sections. The purposes of these two exercises are somewhat different. The "B" section will deal

[29]ató . . . marido: tied one of her husband's feet.   [30] En eso: At that moment.
[31]desvanecido: disappearing from sight.

exclusively with important verbal expressions (most of which are idiomatic) which should rightly belong in the active, conversational vocabulary of a Spanish-speaker. The "C" section will deal mostly with nonverbal idioms. By "idioms" here we refer to expressions that have meaning other than their apparent literal meaning. These expressions will vary greatly in average frequency and usefulness. The main purpose of the "C" section will be to add these expressions at least to your passive vocabulary —so that you will recognize them on sight even though you may not habitually use them in speech.

B. VERB EXERCISES

Using the expressions in the right-hand column, give the Spanish for the English sentences on the left.

1. *a)* Pedro didn't feel very well.   *sentirse*
   b) How do you feel now?

2. *a)* He'll keep on reading until 10:00.   *seguir* (plus a gerund)

   b) He continued walking along the street.

3. *a)* Mr. Brown felt like calling his friend.   *tener ganas de*
   b) I never feel like sleeping in class!

4. *a)* The teacher began to explain the lesson.   *ponerse a*
   b) His wife begins to pull on the rope.

5. *a)* Why do you pretend to be an acrobat?   *hacerse*
   b) Don't pretend to be innocent!

C. DRILL ON NEW EXPRESSIONS

From the expressions on the right, select the one corresponding to the italicized English words on the left.

1. ¡*Almost* se resbala el pobre!   *en cuanto*
2. *Fortunately,* no hicieron burla de él.   *con ansias de*
3. *It's very easy for her* levantarse temprano.   *al fin*
4. ¿No quiere *get up the energy to* acompañarnos?   *por suerte*

5. Cuando Pedro subió, su mujer no pudo *animarse a*
   come to the rescue.
6. Se sintió *anxious to* volver a su pueblo. *le cuesta muy poco*
7. *Finally,* el padre mandó servir la comida. *solito*
8. El avión *took off* a tiempo. *casi*
9. Pablo paseaba *all by himself* por el corral. *acudir*
10. Iremos *as soon as* llegue el coche. *levantó vuelo*

Horacio Quiroga

EL PASO DEL

YABEBIRÍ

The Sunshine and Shadow
of Horacio Quiroga

HORACIO QUIROGA *(1878-1937) was Uruguayan by birth, but spent much of his life in the Argentine province of Misiones. Throughout his career as a writer, this tropical region along the Paraná River offered him a colorful background for scores of the memorable stories upon which is based his reputation as Spanish America's finest short story writer. His life was marked by tragedy and poor health, and this was reflected in a good part of his work. Also, alongside the influence of Edgar Allan Poe and the French Parnassians, which Quiroga acknowledged in his somber stories, he admitted a similar debt to Rudyard Kipling. Kipling's* Jungle Books *and* Just So Stories, *written for a young audience, undoubtedly inspired many of Quiroga's brighter stories, such as those in his widely-known* Cuentos de la selva *(1918), from which the present story is taken.*

"El paso del Yabebirí" is an exciting story dealing with a life-or-death struggle between two armies of animals which inhabit Quiroga's Misiones jungle. In this fable of courage, the charm of the lighter side of the author shines out on every page. It is a tribute to Quiroga's storytelling technique that the reader of this story finds it impossible not to take sides in the monumental conflict.

El paso del Yabebirí[1]

En el río Yabebirí, que está en Misiones,[2] hay muchas rayas, porque « Yabebirí » quiere decir precisamente « Río-de-las-rayas ». Hay tantas, que a veces es peligroso meter un solo pie en el agua.
5 Yo conocí un hombre a quien lo picó una raya en el talón, y que tuvo que caminar rengueando media legua para llegar a su casa; el hombre iba llorando y cayéndose de dolor. Es uno de los dolores más fuertes que se puede sentir.

Como en el Yabebirí hay también muchos otros pescados, 10 algunos hombres van a cazarlos con bombas de dinamita.

[1] *El paso del Yabebirí:* The crossing of the Yabebirí.   [2] *Misiones:* a province in northern-most Argentina, bordering on Paraguay and Brazil.

Tiran la bomba al río, matando millones de pescados. Todos los pescados que están cerca mueren, aunque sean grandes como una casa. Y mueren también todos los chiquitos, que no sirven para nada.

Ahora bien;[3] una vez un hombre fué a vivir allá, y no quiso que tiraran bombas de dinamita, porque tenía lástima de los pescaditos.[4] Él no se oponía a que pescaran en el río para comer;[5] pero no quería que mataran inútilmente a millones de pescaditos. Los hombres que tiraban bombas se enojaron al principio; pero como el hombre tenía un carácter serio, aunque era muy bueno, los otros se fueron a cazar a otra parte, y todos los pescados quedaron muy contentos. Tan contentos y agradecidos estaban a su amigo que había salvado a los pescaditos, que lo conocían apenas se acercaba a la orilla.[6] Y cuando él andaba por la costa fumando, las rayas lo seguían arrastrándose por el barro, muy contentas de acompañar a su amigo. Él no sabía nada, y vivía feliz en aquel lugar.

Y sucedió que una vez, una tarde, un zorro llegó corriendo hasta el Yabebirí, y metió las patas en el agua, gritando:

—¡Eh, rayas! ¡Ligero! ¡Ahí viene el amigo de ustedes, herido!

Las rayas, que lo oyeron, corrieron ansiosas a la orilla. Y le preguntaron al zorro:

—¿Qué pasa? ¿Dónde está el hombre?

—¡Ahí viene! —gritó el zorro de nuevo. —¡Ha peleado con un tigre![7] ¡El tigre viene corriendo! ¡Seguramente va a cruzar a la isla! ¡Denle paso,[8] porque es un hombre bueno!

—¡Ya lo creo![9] ¡Ya lo creo que le vamos a dar paso! —con-

---

[3] *Ahora bien:* Now then.   [4] *tenía lástima de los pescaditos:* he felt sorry for the little fish.   [5] *Él . . . comer:* He didn't oppose their fishing in the river for food.   [6] *apenas . . . orilla:* the moment he came near the bank.   [7] *tigre:* in South America this usually refers to the animal we call "jaguar."   [8] *Denle paso:* Let him by (This is the meaning of *paso* throughout most of the story.)   [9] *¡Ya lo creo!* Yes, indeed!

testaron las rayas. —¡Pero lo que es el tigre,[10] ése no va a pasar!

—¡Cuidado con él! —gritó aún el zorro. —¡No se olviden de que es el tigre!

5 Y pegando un brinco,[11] el zorro entró de nuevo en el monte.

Apenas acababa de hacer esto,[12] cuando el hombre apartó las ramas y apareció, todo ensangrentado y la camisa rota. La sangre le caía por la cara y el pecho hasta el pantalón.
10 Y desde las arrugas del pantalón, la sangre caía a la arena. Avanzó tambaleando hacia la orilla, porque estaba muy herido, y entró en el río. Pero apenas puso un pie en el agua, las rayas que estaban amontonadas se apartaron de su paso, y el hombre llegó con el agua al pecho hasta la
15 isla, sin que una raya lo picara.[13] Y conforme llegó,[14] cayó desmayado en la misma arena, por la gran cantidad de sangre que había perdido.

Las rayas no habían aún tenido tiempo de compadecer del todo[15] a su amigo moribundo, cuando un terrible rugido
20 les hizo dar un brinco en el agua.

—¡El tigre! ¡el tigre! —gritaron todas, lanzándose como una flecha a la orilla.

En efecto, el tigre que había peleado con el hombre y que lo venía persiguiendo había llegado a la costa del
25 Yabebirí. El animal estaba muy herido, y la sangre le corría por todo el cuerpo. Vió al hombre caído como muerto en la isla, y lanzando un rugido de rabia, se echó al agua, para acabar de matarlo.[16]

Pero apenas hubo metido una pata en el agua, sintió
30 como si le hubieran clavado diez terribles clavos en las patas, y dió un salto atrás: eran las rayas, que defendían

---

[10] *lo que es el tigre:* as for the jaguar.   [11] *pegando un brinco:* taking a leap.
[12] *Apenas . . . esto:* He had just barely done this.   [13] *sin . . . picara:* without being stung by a single ray.   [14] *conforme llegó:* as soon as he got there.   [15] *del todo:* completely.   [16] *para acabar de matarlo:* to finish the job of killing him.

el paso del río, y le habían clavado con toda su fuerza el aguijón de la cola.

El tigre quedó roncando de dolor, con la pata en el aire; y al ver toda el agua de la orilla turbia como si removieran el barro del fondo, comprendió que eran las rayas que no 5 lo querían dejar pasar. Y entonces gritó enfurecido:

—¡Ah, ya sé lo que es! ¡Son ustedes, malditas rayas! ¡Salgan del camino!

—¡No salimos! —respondieron las rayas.

—¡Salgan! 10

—¡No salimos! ¡Él es un hombre bueno! ¡No hay derecho para matarlo!

—¡Él me ha herido a mí!

—¡Los dos se han herido! ¡Esos son asuntos de ustedes en el monte! ¡Aquí está bajo nuestra protección! . . . ¡No se 15 pasa!¹⁷

—¡Paso! —rugió por última vez el tigre.

—¡¡Ni Nunca!!¹⁸ —respondieron las rayas.
(Ellas dijeron « ni nunca » porque así dicen los que hablan guaraní,¹⁹ como en Misiones). 20

—¡Vamos a ver! —bramó aún el tigre. Y retrocedió para tomar impulso y dar un enorme salto.

El tigre sabía que las rayas están casi siempre en la orilla; y pensaba que si lograba dar un salto muy grande acaso no hallara más rayas en el medio del río, y podría así comer 25 al hombre moribundo.

Pero las rayas lo habían adivinado, y corrieron todas al medio del río, pasándose la voz:²⁰

—¡Fuera de la orilla! —gritaban bajo el agua. —¡Adentro! ¡A la canal! ¡A la canal! 30

Y en un segundo el ejército de rayas se precipitó río

---

¹⁷ *¡No se pasa!* No one gets by! ¹⁸ ¡¡Ni Nunca!! Never ever!! ¹⁹ *guaraní:* Language spoken by the Guaranis, an Indian nation living in areas of Argentina, Bolivia, Paraguay, and Brazil. ²⁰ *pasándose la voz:* passing the word along.

adentro,[21] a defender el paso, a tiempo que el tigre daba
su enorme salto y caía en medio del agua. Cayó loco de
alegría, porque en el primer momento no sintió ninguna
picadura, y creyó que las rayas habían quedado todas en
5 la orilla, engañadas . . .

Pero apenas dió un paso, una verdadera lluvia de aguijonazos, como puñaladas de dolor, lo detuvieron en seco:[22]
eran otra vez las rayas, que le acribillaban las patas a
picaduras.[23]

10 El tigre quiso continuar, sin embargo; pero el dolor era
tan atroz, que lanzó un alarido y retrocedió corriendo como
loco a la orilla. Y se echó en la arena de costado,[24] porque
no podía más de sufrimiento;[25] y la barriga subía y bajaba
como si estuviera cansadísimo.

15 Lo que pasaba es que el tigre estaba envenenado por el
veneno de las rayas.

Pero aunque hubieran vencido al tigre, las rayas no
estaban tranquilas porque tenían miedo de que viniera la
tigra, y otros tigres, y otros muchos más . . . Y ellas no podrían
20 defender más el paso.

En efecto, el monte bramó de nuevo, y apareció la tigra
que se puso loca de furor al ver al tigre tirado[26] de costado
en la arena. Ella vió también el agua turbia por el movimiento de las rayas, y se acercó al río. Y tocando casi el
25 agua con la boca, gritó:

—¡Rayas! ¡Quiero paso!

—¡No hay paso! —respondieron las rayas.

—¡No va a quedar una sola raya con cola, si no dan
paso! — rugió la tigra.

30 —¡Aunque quedemos sin cola, no se pasa! —respondieron
ellas.

---

[21] *río adentro:* toward the middle of the river.   [22] *lo detuvieron en seco:* stopped him
"cold."   [23] *le . . . picaduras:* were riddling his paws with stings.   [24] *de costado:* on
his side.   [25] *no podía más de sufrimiento:* he was overcome with pain.   [26] *tirado:*
stretched out.

—¡Por última vez, paso!

—¡Ni Nunca! —gritaron las rayas.

La tigra, enfurecida, había metido sin qùerer[27] una pata en el agua: y una raya, acercándose despacito, acababa de clavarle todo el aguijón entre los dedos. Al bramido de dolor del animal, las rayas respondieron, sonriéndose

—¡Parece que todavía tenemos cola! . . .

Pero la tigra había tenido una idea, y con esa idea entre las cejas, se alejaba de allí, costeando el río aguas arriba,[28] y sin decir una palabra.

Mas las rayas comprendieron también esta vez cuál era el plan de su enemigo. El plan de su enemigo era éste: pasar el río por otra parte, donde las rayas no sabían que había que defender el paso. Y una inmensa ansiedad se apoderó entonces de las rayas.

—¡Va a pasar el río aguas más arriba![29] —gritaron.

—¡No queremos que mate al hombre! ¡Tenemos que defender a nuestro amigo!

Y se revolvían desesperadas entre el barro hasta enturbiar el río.

—¡Pero qué hacemos! —decían. —Nosotras no sabemos nadar ligero . . .! ¡La tigra va a pasar antes que las rayas de allá sepan que hay que defender el paso a toda costa!

Y no sabían qué hacer. Hasta que una rayita muy inteligente dijo de pronto:

—¡Ya está![30] ¡Que vayan los dorados![31] ¡Los dorados son amigos nuestros! ¡Ellos nadan más ligero que nadie!

—¡Eso es! —gritaron todas. —¡Que vayan los dorados!

Y en un instante la voz pasó y en otro instante se vieron ocho o diez filas de dorados, un verdadero ejército de dorados

---

[27] *sin querer:* unintentionally. [28] *costeando el río aguas arriba:* going upstream along the river's edge. [29] *aguas más arriba!* farther up! [30] *¡Ya está!* I've got it! [31] *¡Que vayan los dorados!* Let the *dorados* go. (A *dorado* is a brightly colored fish with spiny fins, related to the bass.)

que nadaban a toda velocidad aguas arriba, y que iban dejando surcos en el agua, como los torpedos.

A pesar de todo, apenas tuvieron tiempo de dar la orden de cerrar el paso[32] a los tigres; la tigra ya había nadado, y estaba por llegar a[33] la isla.

Pero las rayas habían corrido ya a la otra orilla y en cuanto la tigra hizo pie,[34] las rayas se abalanzaron contra sus patas, deshaciéndoselas a aguijonazos.[35] El animal, enfurecido y loco de dolor, bramaba, saltaba en el agua, hacía volar nubes de agua a manotones.[36] Pero las rayas continuaban precipitándose contra sus patas, cerrándole el paso de tal modo que la tigra dió vuelta, nadó de nuevo y fué a echarse a su vez a la orilla, con las cuatro patas monstruosamente hinchadas; por allí tampoco se podía ir a comer al hombre.

Mas las rayas estaban también muy cansadas. Y lo que es peor el tigre y la tigra habían acabado por levantarse[37] y entraban en el monte.

¿Qué iban a hacer? Esto tenía muy inquietas a las rayas, y tuvieron una larga conferencia. Al fin dijeron:

—¡Ya sabemos lo que es! Van a ir a buscar a los otros tigres y van a venir todos. ¡Van a venir todos los tigres, y van a pasar!

—¡Ni Nunca! —gritaron las rayas más jóvenes y que no tenían tanta experiencia.

—¡Sí, pasarán! —respondieron tristemente las más viejas.

—Si son muchos, acabarán por pasar . . . Vamos a consultar a nuestro amigo.

Y fueron todas a ver al hombre, pues no habían

---

[32] *cerrar el paso:* to block the way. [33] *estaba por llegar a:* was about to reach. (In Spanish America this construction is often used instead of *estar para.*) [34] *en . . . pie:* as soon as the jaguaress stood up. [35] *deshaciéndoselas a aguijonazos:* stinging them all over. [36] *hacía . . . manotones:* she slapped the water with her paws, splashing it high into the air. [37] *habían acabado por levantarse:* had finally gotten up.

tenido tiempo aún de hacerlo, por defender el paso del río.[38]

El hombre estaba todavía tendido, porque había perdido mucha sangre, pero podía hablar y moverse un poquito. En un instante las rayas le contaron lo que había pasado, y cómo habían defendido el paso a los tigres que lo querían comer. El hombre herido se enterneció mucho con la amistad de las rayas que le habían salvado la vida, y dió la mano con verdadero cariño a las rayas que estaban más cerca de él. Y dijo entonces:

—¡No hay remedio! Si los tigres son muchos, y quieren pasar, pasarán . . .

—¡No pasarán! —dijeron las rayas chicas. —¡Usted es nuestro amigo y no van a pasar!

—¡Sí, pasarán, compañeritas! —dijo el hombre. —Y añadió hablando en voz baja:

—El único modo sería mandar a alguien a casa a buscar el winchester con muchas balas . . . pero yo no tengo ningún amigo en el río, fuera de los pescados . . . y ninguno de ustedes sabe andar por la tierra . . .

—¿Qué hacemos entonces? —dijeron las rayas ansiosas.

—A ver,[39] a ver . . . — dijo entonces el hombre, pasándose la mano por la frente, como si recordara algo. —Yo tuve un amigo . . . un carpinchito[40] que se crió en casa y que jugaba con mis hijos . . . un día volvió otra vez al monte y creo que vivía aquí, en el Yabebirí . . . pero no sé dónde estará. . . .[41]

Las rayas dieron entonces un grito de alegría:

—¡Ya sabemos! ¡Nosotras lo conocemos! ¡Tiene su guarida en la punta de la isla! ¡El nos habló una vez de usted! ¡Lo vamos a mandar buscar en seguida![42]

---

[38] *por . . . río:* because they had been defending the river.   [39] *A ver:* Let's see.
[40] *carpinchito:* an example of the diminutive used to indicate an affectionate attitude on the part of the speaker. The *carpincho* or capybara is the largest living rodent—about three or four feet long—and is found along the banks of South American rivers.   [41] *no sé dónde estará:* I don't know where he could be. (The future tense here is used to suggest probability or conjecture in the present.)
[42] *¡Lo . . . seguida!* We are going to send someone to look for him right away!

Y dicho y hecho:[43] un dorado muy grande voló río abajo a buscar al carpinchito; mientras el hombre disolvía una gota de sangre seca en la palma de la mano, para hacer tinta, y con una espina de pescado, que era la pluma, escribió en una hoja seca, que era el papel. Y escribió esta carta: *Mándenme con el carpinchito el winchester y una caja entera de 25 balas.*

Apenas acabó el hombre de escribir,[44] el monte entero tembló con un sordo rugido: eran todos los tigres que se acercaban a entablar la lucha. Las rayas llevaron la carta con la cabeza fuera del agua para que no se mojara, y se la dieron al carpinchito, el cual salió corriendo por entre el pajonal a llevarla a la casa del hombre.

Y ya era tiempo, porque los rugidos, aunque lejanos aún, se acercaban velozmente. Las rayas reunieron entonces a los dorados que estaban esperando órdenes, y les gritaron:

—¡Ligero, compañeros! ¡Recorran todo el río y den la voz de alarma! ¡Que todas las rayas estén prontas en todo el río![45] ¡Que se encuentren todas alrededor de la isla![46] ¡Veremos si van a pasar!

Y el ejército de dorados voló en seguida, río arriba y río abajo, haciendo rayas en el agua con la velocidad que llevaban.

No quedó raya en todo el Yabebirí que no recibiera orden de concentrarse en las orillas del río, alrededor de la isla. De todas partes: de entre las piedras, de entre el barro, de la boca de los arroyitos, de todo el Yabebirí entero, las rayas acudían a defender el paso contra los tigres. Y por delante de la isla, los dorados cruzaban y recruzaban a toda velocidad.

Ya era tiempo, otra vez; un inmenso rugido hizo temblar

[43] *Y dicho y hecho:* And no sooner said than done. [44] *Apenas . . . escribir:* Just as the man finished writing [45] *¡Que . . . río!* Have all the rays all along the river be ready! [46] *¡Que . . . isla!* Have them get all around the island!

el agua misma de la orilla, y los tigres desembocaron en la costa.

Eran muchos; parecía que todos los tigres de Misiones estuvieran allí. Pero el Yabebirí entero hervía también de rayas, que se lanzaron a la orilla, dispuestas a defender a 5 todo trance[47] el paso.

—¡Paso a los tigres!

—¡No hay paso! —respondieron las rayas.

—¡Paso, de nuevo!

—¡No se pasa! 10

—¡No va a quedar raya, ni hijo de raya, ni nieto de raya, si no dan paso!

—¡Es posible! —respondieron las rayas. —Pero ni los tigres, ni los hijos de los tigres, ni los nietos de tigre, ni todos los tigres del mundo van a pasar por ·aquí. 15

Así respondieron las rayas. Entonces los tigres rugieron por última vez:

—¡Paso, pedimos!

—¡Ni Nunca!

Y la batalla comenzó entonces. Con un enorme salto los 20 tigres se lanzaron al agua. Y cayeron todos sobre un verdadero piso de rayas. Las rayas les acribillaban las patas a aguijonazos,[48] y a cada herida los tigres lanzaban un rugido de dolor. Pero ellos se defendían a zarpazos, manoteando como locos en el agua. Y las rayas volaban por el aire con 25 el vientre abierto por las uñas de los tigres.

El Yabebirí parecía un río de sangre. Las rayas morían a centenares . . . pero los tigres recibían también terribles heridas, y se retiraban a tenderse y bramar en la playa, horriblemente hinchados. Las rayas, pisoteadas, deshechas 30 por las patas de los tigres, no desistían; acudían sin cesar a defender el paso. Algunas volaban por el aire, volvían a

---

[47] *a todo trance:* at any cost.   [48] *les . . . aguijonazos:* were riddling their paws with stings.

caer[49] al río, y se precipitaban de nuevo contra los tigres.

Media hora duró esta· lucha terrible. Al cabo de esa media hora, todos los tigres estaban otra vez en la playa, sentados de fatiga y rugiendo de dolor; ni uno solo había pasado.

Pero las rayas estaban también deshechas de cansancio. Muchas, muchísimas habían muerto. Y las que quedaban vivas dijeron:

—No podremos resistir dos ataques como éste. ¡Que los dorados vayan a buscar refuerzos! ¡Que vengan en seguida todas las rayas que haya en el Yabebirí!

Y los dorados volaron otra vez río arriba y río abajo, e iban tan ligero que dejaban surcos en el agua, como los torpedos.

Las rayas fueron entonces al hombre.

—¡No podremos resistir más! —le dijeron tristemente las rayas. Y aun algunas rayas lloraban, porque veían que· no podrían salvar a su amigo.

—¡Váyanse, rayas! —respondió el hombre herido. —¡Déjenme solo! ¡Ustedes han hecho ya demasiado por mí! ¡Dejen que los tigres pasen!

—¡Ni Nunca! —gritaron las rayas en un solo clamor.

—¡Mientras haya una sola raya en el Yabebirí, que es nuestro río, defenderemos al hombre bueno que nos defendió antes a nosotros!

El hombre herido exclamó entonces, contento:

—¡Rayas! Yo estoy casi por morir, y apenas puedo hablar; pero yo les aseguro que en cuanto llegue el winchester, vamos a tener farra para largo rato; ¡esto yo se lo aseguro a ustedes!

—¡Sí, ya lo sabemos! —contestaron las rayas entusiasmadas.

Pero no pudieron concluir de hablar, porque la batalla

---

[49] *volvían a caer:* fell again.

recomenzaba. En efecto: los tigres, que ya habían descansado, se pusieron bruscamente de pie,[50] y agachándose como quien va a saltar,[51] rugieron:

—¡Por última vez, y de una vez por todas:[52] paso!

—¡Ni Nunca! —respondieron las rayas lanzándose a la orilla. Pero los tigres habían saltado a su vez al agua y recomenzó la terrible lucha. Todo el Yabebirí, ahora, de orilla a orilla, estaba rojo de sangre, y la sangre hacía espuma en la arena de la playa. Las rayas volaban deshechas por el aire y los tigres bramaban de dolor; pero nadie retrocedía un paso.

Y los tigres no sólo no retrocedían, sino que avanzaban. En balde el ejército de dorados pasaba a toda velocidad río arriba y río abajo, llamando a las rayas: las rayas se habían concluído; todas estaban luchando frente a la isla y la mitad había muerto ya. Y las que quedaban estaban todas heridas y sin fuerzas.

Comprendieron entonces que no podrían sostenerse un minuto más, y que los tigres pasarían; y las pobres rayas, que preferían morir antes que entregar a su amigo, se lanzaron por última vez contra los tigres. Pero ya todo era inútil. Cinco tigres nadaban ya hacia la costa de la isla. Las rayas, desesperadas, gritaron:

—¡A la isla! ¡Vamos todas a la otra orilla!

Pero también esto era tarde: dos tigres más se habían echado a nadar,[53] y en un instante todos los tigres estuvieron en el medio del río, y no se veía más que sus cabezas.

Pero también en ese momento un animalito, un pobre animalito colorado y peludo cruzaba nadando a toda fuerza el Yabebirí; era el carpinchito, que llegaba a la isla llevando el winchester y las balas en la cabeza para que no se mojaran.

---

[50] *se pusieron bruscamente de pie:* they suddenly stood up.   [51] *como quien va a saltar:* like someone who is going to leap.   [52] *de una vez por todas:* once and for all.   [53] *se habían echado a nadar:* had started swimming.

El hombre dió un gran grito de alegría, porque le quedaba tiempo para entrar en defensa de las rayas. Le pidió al carpinchito que lo empujara con la cabeza para colocarse de costado,[54] porque él solo no podía; y ya en esta posición cargó el winchester con la rapidez de un rayo.

Y en el preciso momento en que las rayas, desgarradas, aplastadas, ensangrentadas, veían con desesperación que habían perdido la batalla y que los tigres iban a devorar a su pobre amigo herido: —en ese momento oyeron un estampido, y vieron que el tigre que iba adelante y pisaba ya la arena, daba un gran salto y caía muerto, con la frente agujereada de un tiro.

—¡Bravo, bravo! —clamaron las rayas, locas de conten-tas.[55] —¡El hombre tiene el winchester! ¡Ya estamos sal-vadas!

Y enturbiaban toda el agua verdaderamente locas de alegría. Pero el hombre proseguía tranquilo tirando, y cada tiro era un nuevo tigre muerto. Y a cada tigre que caía muerto lanzando un rugido, las rayas respondían con grandes sacudidas de la cola.

Uno tras otro, como si el rayo cayera entre sus cabezas, los tigres fueron muriendo a tiros.[56] Aquello duró solamente dos minutos. Uno tras otro se fueron al fondo del río, y allí las palometas los comieron. Algunos boyaron después, y entonces los dorados los acompañaron hasta el Paraná, comiéndolos, y haciendo saltar el agua de contentos.[57]

En poco tiempo las rayas, que tienen muchos hijos, vol-vieron a ser tan numerosas como antes. El hombre se curó, y quedó tan agradecido a las rayas que le habían salvado la vida, que se fué a vivir a la isla. Y allí, en las noches de verano, le gustaba tenderse en la playa y fumar

---

[54] *Le . . . costado:* He asked the capybara to push him over with its head so he could lie on his side.   [55] *locas de contentas:* wild with joy.   [56] *fueron muriendo a tiros:* were being killed by the shots.   [57] *haciendo . . . contentos:* splashing the water because they were so happy.

a la luz de la luna, mientras las rayas, hablando despacito se lo mostraban a los pescados que no lo conocían, contándoles la gran batalla que, aliadas a ese hombre, habían tenido una vez contra los tigres.

5

Exercises

A. CUESTIONARIO

1. ¿Qué clase de pescados predomina en el río Yabebirí?
2. ¿Por qué se oponía el hombre a que tiraran bombas de dinamita en el río?
3. ¿Qué les dijo a las rayas el zorro que llegó corriendo hasta el Yabebirí?
4. ¿Con qué animal había peleado el hombre?
5. Al llegar a la pequeña isla ¿qué hizo el hombre?
6. ¿Qué hicieron las rayas cuando el tigre metió una pata en el agua?
7. ¿Por qué no pudo llegar el tigre hasta la isla?
8. ¿Por qué no estaban tranquilas las rayas después de haber vencido al tigre?
9. ¿Cuál era el plan de la tigra cuando se fué costeando aguas arriba?
10. ¿Quiénes nadan más ligero que nadie?
11. Según el hombre, ¿cuál era el único modo de vencer a los tigres?
12. ¿Qué relación existía entre el hombre y el carpinchito?
13. ¿Quiénes fueron a buscar refuerzos?
14. ¿Qué respondieron las rayas cuando los tigres pidieron paso por última vez?
15. ¿Quién llegó por fin con el winchester y las balas?

B. VERB EXERCISES

Using the expressions in the right-hand column, give the Spanish for the English sentences listed on the left.

1. a) What did you mean?   *querer decir*
   b) This doesn't mean anything.

2. a) What good is it?   *servir para*
   b) It wasn't good for anything.

3. a) Don't you feel sorry for the little fish?   *tener lástima de*
   b) Pepe never felt sorry for anyone.

4. a) I know that he'll get mad.   *enojarse*
   b) Yes, he got very angry.

5. a) He's just told me it.   *acabar de*
   b) We had just consulted our friend.

6. a) Carlos, I'm all tired out!   *no poder más*
   b) The poor animal was all worn out.

7. a) Are you afraid to do it?   *tener miedo de*
   b) She used to be afraid to speak to him.

8. a) It's necessary to speak *guaraní*.   *haber que*
   b) You had to speak with the father first.

9. a) No, thank you, we're about to leave.   *estar por (para)*
   b) The king was about to return to Babylon.

10. a) They ended up by staying on the island.   *acabar por*
    b) You'll end up losing.

C. DRILL ON NEW EXPRESSIONS

From the expressions on the right, select the one corresponding to the italicized English words on the left.

1. *Nevertheless*, parece que tiene un carácter serio.   *quedar*

2. Se echó al agua *again*.   *apenas*

3. *Both of them* gritaron «¡El tigre! ¡El tigre!»   *ciudado con*

4. El hombre lo mató *unintentionally*.   *por otra parte*

5. *As a matter of fact,* ésos no son asuntos de   *los dos*
   ustedes.
6. *Watch out for* los coches.   *a centenares*
7. Todos van a *be* muy contentos.   *sin embargo*
8. Ella me vió *the moment* llegué.   *en efecto*
9. Los soldados murieron *by the hundreds.*   *de nuevo*
10. Creo que las rayas están *elsewhere.*   *sin querer*

D. REVIEW OF VERBS

Give the infinitives and the English translations of the following
verbs: *mueren, sean, tuvo que, quería, caía, hay, hizo, caído, sintió,
quedó, dijeron, podrían, gritaron, sepan, contaron, sería, acudían,
estuvieron, recorran, llevando.*

E. The following nouns carry the diminutive ending *-ito*. What
different translations can these words have? What does the *-ito*
suffix suggest *a)* on the part of the speaker or *b)* with regard to
the object itself: *chiquitos, pescaditos, rayita, compañeritas, arroyitos,
animalito, carpinchito*?

What does the adverb *despacito* suggest to you regarding further
uses of the diminutive in Spanish?

W. I. Eisen

JAQUE MATE
EN DOS JUGADAS

The Detective Story in Argentina

W. I. EISEN *(1919-   ) is one of the principal Argentine cultivators of the detective story—a type of fiction which has enjoyed for decades great popularity in the principal cities of Spanish America. Thanks to Eisen and others of his Buenos Aires colleagues, the detective story has had a greater and more varied development in Argentina than in any other Spanish-speaking country—including Spain. Eisen brings an interesting background to the writing of detective short stories and novels. He has studied law (with the intention of entering politics), has worked on Buenos Aires newspapers, and has done program planning for the Radio Nacional in the capital. He has also written for Argentine movies and television. His* Tres negativos para un retrato *(1949) and* Manchas en el Rio Bermejo *(1950) are two of the most imaginative and well-executed detective novels to be written in Argentina.*

"Jaque mate en dos jugadas" is an ironic tale of revenge, set against the backdrop of Buenos Aires by night. One of Eisen's most successful stories, it has been published in translation in the United States and in Holland. From the first three words until the story's surprise climax, the reader is absorbed in the thoughts of Claudio Alvarez and experiences with him the elation and subsequent doubt and terror of a man who commits a crime in the hope of going unpunished for it before the law.

Jaque mate en dos jugadas

Yo lo envenené. En dos horas quedaría liberado. Dejé a mi tío Néstor a las veintidós.[1] Lo hice con alegría. Me ardían las mejillas. Me quemaban los labios. Luego me serené y eché a caminar tran-
5 quilamente por la avenida en dirección al puerto.

Me sentía contento. Liberado. Hasta Guillermo saldría socio beneficiario[2] en el asunto. ¡Pobre Guillermo! ¡Tan tímido, tan inocente! Era evidente que yo debía pensar y obrar por ambos. Siempre sucedió así. Desde el día en que

---

[1] *a las veintidós:* In many parts of the world the 24-hour system of telling time is often used. "Twenty-two hours," therefore, would be 10 p.m.   [2] *socio beneficiario:* partner in the profits.

nuestro tío nos llevó a su casa. Nos encontramos perdidos en el palacio. Era un lugar seco, sin amor. Unicamente el sonido metálico de las monedas.

—Tenéis que acostumbraros al ahorro, a no malgastar. ¡Al fin y al cabo,[3] algún día será vuestro! —decía. Y nos 5 acostumbramos a esperarlo.

Pero ese famoso y deseado día no llegaba, a pesar de que tío sufría del corazón. Y si de pequeños[4] nos tiranizó, cuando crecimos se hizo cada vez más[5] intolerable.

Guillermo se enamoró un buen día. A nuestro tío no le 10 gustó la muchacha. No era lo que ambicionaba para su sobrino.

—Le falta cuna . . ., le falta roce . . ., ¡puaf! Es una ordinaria . . . —sentenció.

Inútil fué que Guillermo se dedicara a encontrarle 15 méritos. El viejo era testarudo y arbitrario.

Conmigo tenía otra clase de problemas. Era un carácter contra otro. Se empeñó en doctorarme en bioquímica. ¿Resultado? Un perito en póquer y en carreras de caballos. Mi tío para esos vicios no me daba ni un centavo. Tenía 20 que emplear todo mi ingenio para quitarle un peso.

Uno de los recursos era aguantarle sus interminables partidas de ajedrez; entonces yo cedía con aire de hombre magnánimo, pero él, en cambio, cuando estaba en posición favorable alargaba el final, anotando las jugadas con dis- 25 plicencia, sabiendo de mi prisa por salir para el club. Gozaba con mi infortunio saboreando su coñac.

Un día me dijo con tono condescendiente:

—Observo que te aplicas en el ajedrez. Eso me demuestra dos cosas: que eres inteligente y un perfecto holgazán. Sin 30 embargo, tu dedicación tendrá su premio. Soy justo. Pero eso sí,[6] a falta de diplomas,[7] de hoy en adelante tendré de

---

[3] ¡Al fin y al cabo: After all.   [4] de pequeños: when we were children.   [5] cada vez más: more and more.   [6] eso sí: I'm warning you.   [7] a falta de diplomas: since you'll never show me a degree.

ti bonitas anotaciones de las partidas. Sí, muchacho, vamos a guardar cada uno los apuntes de los juegos en libretas para compararlas. ¿Qué te parece?

5 Aquello podría resultar un par de cientos de pesos, y acepté. Desde entonces, todas las noches, la estadística. Estaba tan arraigada la manía en él, que en mi ausencia comentaba las partidas con Julio, el mayordomo.

Ahora todo había concluído. Cuando uno se encuentra en un callejón sin salida, el cerebro trabaja, busca, rebusca. 10 Y encuentra. Siempre hay salida para todo. No siempre es buena. Pero es salida.

Llegaba a la Costanera. Era una noche húmeda. En el cielo nublado, alguna chispa eléctrica. El calorcillo[8] mojaba las manos, resecaba la boca.

15 En la esquina, un policía me hizo saltar el corazón.

El veneno, ¿cómo se llamaba? Aconitina. Varias gotitas en el coñac mientras conversábamos. Mi tío esa noche estaba encantador. Me perdonó la partida.[9]

—Haré un solitario[10] —dijo—. Despaché a los sirvientes . . . 20 ¡Hum! Quiero estar tranquilo. Después leeré un buen libro. Algo que los jóvenes no entienden . . . Puedes irte.

—Gracias, tío. Hoy realmente es . . . sábado.

—Comprendo.

¡Demonios! El hombre comprendía. La clarividencia del 25 condenado.

El veneno producía un efecto lento, a la hora,[11] o más, según el sujeto. Hasta seis u ocho horas. Justamente durante el sueño. El resultado: la apariencia de un pacífico ataque cardíaco, sin huellas comprometedoras. Lo que yo necesi-30 taba. ¿Y quién sospecharía? El doctor Vega no tendría inconveniente en suscribir[12] el certificado de defunción. ¿Y si me descubrían? ¡Imposible!

---

[8] *calorcillo:* extreme heat.   [9] *Me perdonó la partida:* He excused me from the game.   [10] *Haré un solitario:* I'll play a game by myself.   [11] *a la hora:* after an hour.   [12] *no tendría inconveniente en suscribir:* wouldn't mind signing.

Pero, ¿y Guillermo? Sí. Guillermo era un problema. Lo hallé en el *hall* después de preparar la « encomienda » para el infierno. Descendía la escalera, preocupado.

—¿Qué te pasa? —le pregunté jovial, y le hubiera agregado de buena gana:[13] « ¡Si supieras, hombre! »   5

—¡Estoy harto!— me replicó.

—¡Vamos! —Le palmoteé la espalda—. Siempre estás dispuesto a la tragedia . . .

—Es que el viejo me enloquece. Últimamente, desde que volviste a la Facultad y le llevas la corriente[14] en el ajedrez, 10 se la toma conmigo.[15] Y Matilde . . .

—¿Qué sucede con Matilde?

—Matilde me lanzó un ultimátum: o ella, o tío.

—Opta por ella. Es fácil elegir. Es lo que yo haría . . .

—¿Y lo otro?   15

Me miró desesperado. Con brillo demoníaco en las pupilas; pero el pobre tonto jamás buscaría el medio de resolver su problema.

—Yo lo haría —siguió entre dientes—; pero, ¿con qué viviríamos? Ya sabes cómo es el viejo . . . Duro, implacable. 20 ¡Me cortaría los víveres!

—*Tal vez las cosas se arreglen de otra manera* . . . —insinué bromeando—. ¡Quién te dice . . .!

—¡Bah! . . . —sus labios se curvaron con una mueca amarga—. No hay escapatoria. Pero yo hablaré con el viejo 25 tirano. ¿Dónde está ahora?

Me asusté. Si el veneno resultaba rápido . . . Al notar los primeros síntomas podría ser auxiliado y . . .

—Está en la biblioteca —exclamé—, pero déjalo en paz. Acaba de jugar la partida de ajedrez, y despachó a la 30 servidumbre. ¡El lobo quiere estar solo en la madriguera! Consuélate en un cine o en un bar.

---

[13] *de buena gana:* willingly.   [14] *le llevas la corriente:* you let him have his way.
[15] *se la toma conmigo:* he has been picking on me.

Se encogió de hombros.

—El lobo en la madriguera . . . —repitió. Pensó unos segundos y agregó, aliviado—: Lo veré en otro momento. Después de todo . . .

5 —Después de todo, no te animarías,[16] ¿verdad? —gruñí salvajemente.

Me clavó la mirada.[17] Sus ojos brillaron con una chispa siniestra, pero fué un relámpago.

Miré el reloj: las once y diez de la noche.

10 Ya comenzaría a producir efecto. Primero un leve malestar, nada más. Después un dolorcillo agudo, pero nunca demasiado alarmante. Mi tío refunfuñaba una maldición para la cocinera. El pescado indigesto. ¡Qué poca cosa es todo![18] Debía de estar leyendo los diarios de la noche, los últimos.

15 Y después, el libro, como gran epílogo. Sentía frío.

Las baldosas se estiraban en rombos.[19] El río era una mancha sucia cerca del paredón. A lo lejos luces verdes, rojas, blancas. Los automóviles se deslizaban chapoteando en el asfalto.

20 Decidí regresar, por temor a llamar la atención. Nuevamente por la avenida hacia Leandro N. Alem. Por allí a Plaza de Mayo. El reloj me volvió a la realidad. Las once y treinta y seis. Si el veneno era eficaz, ya estaría todo listo. Ya sería dueño de millones. Ya sería libre . . . Ya sería . . .,

25 *ya sería asesino.*

Por primera vez pensé en la palabra misma. Yo ¡asesino! Las rodillas me flaquearon. Un rubor me azotó el cuello, me subió a las mejillas, me quemó las orejas, martilló mis sienes. Las manos traspiraban. El frasquito de aconitina en

30 el bolsillo llegó a pesarme una tonelada. Busqué en los bolsillos rabiosamente hasta dar con él.[20] Era un insig-

---

[16] *no te animarías:* you wouldn't have the nerve.   [17] *Me clavó la mirada:* He fixed his gaze on me.   [18] *¡Qué poca cosa es todo!* How easy everything is!   [19] *Las . . . rombos:* The sidewalk stones stretched out in the shape of diamonds.   [20] *hasta dar con él:* until I found it.

nificante cuentagotas y contenía la muerte; lo arrojé lejos.

Avenida de Mayo. Choqué con varios transeúntes. Pensarían en un borracho.[21] Pero en lugar de alcohol, sangre.

Yo, asesino. Esto sería un secreto entre mi tío Néstor y mi conciencia. Recordé la descripción del efecto del veneno: [5] « en la lengua, sensación de hormigueo y embotamiento, que se inicia en el punto de contacto para extenderse a toda la lengua, a la cara y a todo el cuerpo. »

Entré en un bar. Un tocadiscos atronaba con un viejo *rag-time*. « En el esófago y en el estómago, sensación de [10] ardor intenso. » Millones. Billetes de mil, de quinientos, de cien. Póquer. Carreras. Viajes . . . « sensación de angustia, de muerte próxima, enfriamiento profundo generalizado, trastornos sensoriales, debilidad muscular, contracciones, impotencia de los músculos. » [15]

Habría[22] quedado solo. En el palacio. Con sus escaleras de mármol. Frente al tablero de ajedrez. Allí el rey, y la dama, y la torre negra. Jaque mate.

El mozo se aproximó. Debió sorprender mi mueca de extravío, mis músculos en tensión, listos para saltar. [20]

—¿Señor?

—Un coñac . . .

—Un coñac . . . —repitió el mozo—. Bien, señor —y se alejó.

Por la vidriera la caravana que pasa, la misma de siempre. [25] El tictac del reloj cubría todos los rumores. Hasta los de mi corazón. La una. Bebí el coñac de un trago.[23]

« Como fenómeno circulatorio, hay alteración del pulso e hipotensión que se derivan de la acción sobre el órgano central, llegando, en su estado más avanzado, al síncope [30] cardíaco . . . » Eso es. El síncope cardíaco. La válvula de escape.

---

[21] *Pensarían en un borracho:* They must have thought I was drunk. (The conditional tense here is used to suggest probability or conjecture in the past.) [22] *Habría:* see note above. [23] *de un trago:* with one gulp.

A las dos y treinta de la mañana regresé a casa. Al principio no lo advertí. Hasta que me cerró el paso.[24] Era un agente de policía. Me asusté.

—¿El señor Claudio Alvarez?

5 —Sí, señor . . . —respondí humildemente.

—Pase usted . . . —indicó, franqueándome la entrada.

—¿Qué hace usted aquí? —me animé a murmurar.

—Dentro tendrá la explicación —fué la respuesta.

En el *hall*, cerca de la escalera, varios individuos de uni-
10 forme se habían adueñado del palacio. ¿Guillermo? Guillermo no estaba presente.

Julio, el mayordomo, amarillo, espectral trató de hablarme. Uno de los uniformados, canoso, adusto, el jefe del grupo por lo visto, le selló los labios con un gesto. Avanzó
15 hacia mí, y me inspeccionó como a un cobayo.

—Usted es el mayor de los sobrinos, ¿verdad?

—Sí, señor . . . —murmuré.

—Lamento decírselo, señor. Su tío ha muerto . . . asesinado —anunció mi interlocutor. La voz era calma, grave—. Yo
20 soy el inspector Villegas, y estoy a cargo de la investigación. ¿Quiere acompañarme a la otra sala?

—Dios mío —articulé anonadado—. ¡Es inaudito!

Las palabras sonaron a huecas, a hipócritas. (*¡Ese dichoso veneno dejaba huellas! ¿Pero cómo . . . cómo?*)

25 —¿Puedo . . . puedo verlo? —pregunté.

—Por el momento, no. Además, quiero que me conteste algunas preguntas.

—Como usted disponga . . .[25] —accedí azorado.

Lo seguí a la biblioteca vecina. Tras él se deslizaron
30 suavemente dos acólitos. El inspector Villegas me indicó un sillón y se sentó en otro. Encendió frugalmente un cigarrillo y con evidente grosería no me ofreció ninguno.

---

[24] *me cerró el paso:* blocked my way. [25] *Como usted disponga:* Just as you say.

—Usted es el sobrino . . . Claudio. —Pareció que repetía una lección aprendida de memoria.

—Sí, señor.

—Pues bien: explíquenos qué hizo esta noche.

Yo también repetí una letanía.

—Cenamos los tres, juntos como siempre. Guillermo se retiró a su habitación. Quedamos mi tío y yo charlando un rato; pasamos a la biblioteca. Después jugamos nuestra habitual partida de ajedrez; me despedí de mi tío y salí. En el vestíbulo me encontré con Guillermo que descendía por las escaleras rumbo a la calle. Cambiamos unas palabras y me fuí.

—Y ahora regresa . . .

—Sí . . .

—¿Y los criados?

—Mi tío deseaba quedarse solo. Los despachó después de cenar. A veces le acometían estas y otras manías.

—Lo que usted dice concuerda en gran parte con la declaración del mayordomo. Cuando éste regresó, hizo un recorrido por el edificio. Notó la puerta de la biblioteca entornada y luz adentro. Entró. Allí halló a su tío frente a un tablero de ajedrez, muerto. La partida interrumpida . . . De manera que jugaron la partidita, ¿eh?

Algo dentro de mí comenzó a saltar violentamente. Una sensación de zozobra, de angustia, me recorría con la velocidad de un pebete. En cualquier momento estallaría la pólvora. *¡Los consabidos solitarios de mi tío!*[26]

—Sí, señor . . . —admití.

No podía desdecirme. Eso también se lo había dicho a Guillermo. Y probablemente Guillermo al inspector Villegas. Porque mi hermano debía de estar en alguna parte. El sistema de la policía: aislarnos, dejarnos solos, inertes, indefensos, para pillarnos.

---

[26] *solitarios de mi tío:* games my uncle played alone.

—Tengo entendido[27] que ustedes llevaban un registro de las jugadas. Para establecer los detalles en su orden, ¿quiere mostrarme su libretita de apuntes, señor Alvarez?

Me hundía en el cieno.

5 —¿Apuntes?

—Sí, hombre —el policía era implacable—, deseo verla, como es de imaginar.[28] Debo verificarlo todo, amigo; lo dicho y lo hecho por usted.[29] *Si jugaron como siempre* . . .

Comencé a tartamudear.

10 —Es que . . . — Y después, de un tirón:[30]— ¡Claro que jugamos como siempre!

Las lágrimas comenzaron a quemarme los ojos. Miedo. Un miedo espantoso. Como debió sentirlo tío Néstor cuando aquella « sensación de angustia . . . de muerte próxima . . ., 15 enfriamiento profundo, generalizado . . .» Algo me taladraba el cráneo. Me empujaban. El silencio era absoluto, pétreo. Los otros también estaban callados. Dos ojos, seis ojos, ocho ojos, mil ojos. ¡Oh, qué angustia!

Me tenían . . ., me tenían . . . Jugaban con mi desespera- 20 ción . . . Se divertían con mi culpa . . .

De pronto, el inspector gruñó:

—¿Y?

Una sola letra ¡pero tanto!

—¿Y? —repitió—. Usted fué el último que lo vió con 25 vida. Y, además, muerto. El señor Alvarez no hizo anotación alguna esta vez, señor mío.[31]

No sé por qué me puse de pie. Tenso. Elevé mis brazos, los estiré. Me estrujé las manos, clavándome las uñas, y al final chillé con voz que no era la mía:

30 —¡Basta! Si lo saben, ¿para qué lo preguntan? ¡Yo lo maté! ¡Yo lo maté! ¿Y qué hay?[32] ¡Lo odiaba con toda mi alma! ¡Estaba cansado de su despotismo! ¡Lo maté! ¡Lo maté!

---

[27] *Tengo entendido:* I understand. [28] *como es de imaginar:* as you might imagine. [29] *lo . . . usted:* what you said and what you did. [30] *de un tirón:* all at once. [31] *señor mío:* my good man. [32] *¿Y qué hay?* And what of it?

El inspector no lo tomó tan a la tremenda.[33]

—¡Cielos! —dijo—. Se produjo más pronto de lo que yo esperaba. Ya que se le soltó la lengua,[34] ¿dónde está el revólver?

El inspector Villegas no se inmutó. Insistió imperturbable. 5

—¡Vamos, no se haga el tonto[35] ahora! ¡El revólver! ¿O ha olvidado que lo liquidó de un tiro? ¡Un tiro en la mitad de la frente, compañero! ¡Qué puntería!

Exercises

A. CUESTIONARIO

1. ¿Qué crimen había cometido el narrador, Claudio Alvarez?
2. ¿Qué guardaban Claudio y su tío en sus libretas?
3. ¿Por qué odiaba a su tío el hermano de Claudio?
4. ¿Qué ultimátum le había lanzado Matilde a Guillermo?
5. ¿Cree Ud. que Claudio insultó a su hermano, diciendo « Después de todo, no te animarías ¿verdad? »?
6. ¿Qué hizo Claudio con el frasquito de veneno?
7. ¿En dónde entró Claudio para calmar los nervios?
8. ¿Quiénes esperaban a Claudio cuando regresó a casa?
9. ¿Dijo la verdad Claudio en todo lo que declaró al inspector?
10. ¿Cómo murió el tío Nestor?

B. VERB EXERCISES

Using the expressions in the right-hand column, give the Spanish for the English sentences listed on the left.

1. *a)* A policeman blocked my way. *cerrar el paso*
   b) A train is blocking the way.

[33] *no . . . tremenda:* did not seem too surprised. [34] *Ya . . . lengua:* Since your tongue's loosened up. [35] *no se haga el tonto:* don't play dumb.

2. *a)* I used to meet him every day in the street. *encontrarse con*

   b) Didn't you meet him at the café?

3. *a)* The automobile ran into a tree. *chocar con*

   b) I ran into a man at the corner.

4. *a)* Yes, the poison turned out to be very effective. *resultar*

   b) I think that it will turn out well.

5. *a)* Who solved the problem? *resolver*

   b) No one will be able to solve this.

6. *a)* The lights became more and more brilliant. *hacerse*

   b) He says that the work will become more difficult.

7. *a)* Do you mind doing it now? *tener inconveniente*

   b) We wouldn't mind leaving at 11:00. *en*

8. *a)* I understand that they're going tomorrow. *tener entendido*

   b) María understood that he didn't want to come.

9. *a)* Luis is always picking on me. *tomársela con*

   b) He would often quarrel with his wife.

10. *a)* You've always been inclined toward tragedy. *estar dispuesto a*

   b) His uncle wasn't inclined toward saving.

C. DRILL ON NEW EXPRESSIONS

From the expressions on the right, select the one corresponding to the italicized English words on the left.

1. No sé quien está *in charge of* el asunto. *con toda el alma*
2. ¡Déjalo *alone!* *pensar en*
3. No lo hice *for fear of* las consecuencias. *al fin y al cabo*
4. Lo acabaré *in one gulp.* *como es de imaginar*

5. Fuimos al cine *in spite of* lo que nos habían   *a cargo de*
   dicho.
6. Por primera vez, empecé a *to think of* la   *de un trago*
   palabra «asesino».
7. *After all*, ella era su única amiga.   *por temor a*
8. Tengo gran interés en el problema, *as you*   *con vida*
   might imagine.
9. ¿Quién fué el último en verla *alive?*   *a pesar de*
10. Los amaba *with all his heart.*   *en paz*

D. Following is a list of new verbs found in this story. Their meanings—if not immediately clear—could have been guessed; for the "core" of each is a noun, adjective, or verb with which you are likely already familiar. See if you can spot the familiar element in these new verbs, then give their meanings. (This suggests still another way of increasing your "recognition" vocabulary.)

acostumbrarse, alejarse, desdecir, malgastar, enamorarse, alargar, enloquecer, necesitar, aislar, ambicionar.

Amado Nervo

EL ÁNGEL CAÍDO

Amado Nervo—
Poet and Prose Stylist

AMADO NERVO *(1870-1919) was born in Mexico and began his public career as a journalist. Later he became a diplomat representing Mexico in Spain, Argentina, and Uruguay. Before the turn of the century, he was associated with the Modernist movement in literature and early established a reputation as a* modernista *poet. Though Nervo is remembered today mainly for his poetry, he wrote many stories; and his novel* El bachiller, *published when he was twenty-six, was a considerable, though somewhat scandalous, success.*

In the story "El ángel caído" the vision and delicate expression of the poet are evident. There is humor, too, together with a profound religious feeling which is fundamental to all of Nervo's best poetry. The style here is lucid, and there is a gentleness and simplicity of spirit about it that is perfectly suited to the telling of this humble miracle of innocence.

El ángel caído

Cuento de Navidad, dedicado a
mi sobrina María de los Angeles

Erase un ángel[1] que, por brincar más de la cuenta[2]
sobre una nube crepuscular teñida de violetas,
perdió pie y cayó lastimosamente a la tierra.

Su mala suerte quiso que, en vez de dar sobre[3]
5 el fresco césped, diese contra bronca piedra,[4] de modo y
manera que el cuitado se estropeó un ala, el ala derecha,
por más señas.[5]

Allí quedó despatarrado,[6] sangrando, y aunque daba
voces de socorro,[7] como no es usual que en la tierra se

[1] *Érase un angel:* Once there was an angel. [2] *más de la cuenta:* more than he
should have. [3] *dar sobre:* landing on. [4] *diese contra bronca piedra:* fell on solid
rock. [5] *por más señas:* to be specific. [6] *despatarrado:* with his legs spread.
[7] *daba voces de socorro:* called for help.

comprenda el idioma de los ángeles, nadie acudía en su
auxilio.

En esto[8] acertó a pasar no lejos un niño que volvía de la
escuela, y aquí empezó la buena suerte del caído,[9] porque
como los niños sí suelen comprender[10] la lengua angélica
(en el siglo xx mucho menos, pero en fin[11] . . .) el chico se
acercó al mísero, y sorprendido primero y compadecido
después, le tendió la mano y le ayudó a levantarse.

Los ángeles no pesan,[12] y la leve fuerza del niño bastó y
sobró[13] para que aquél se pusiese en pie.

Su salvador le ofreció el brazo y se vió entonces el más
raro espectáculo; un niño conduciendo a un ángel por los
senderos de este mundo.

Cojeaba el ángel lastimosamente, ¡es claro![14] Le acontecía
lo que acontece a los que nunca andan descalzós: el menor
guijarro le pinchaba de un modo atroz. Su aspecto era
lamentable. Con el ala rota dolorosamente plegada, manchado de sangre y lodo el plumaje resplandeciente, el ángel
estaba para dar compasión.[15]

Cada paso le arrancaba un grito; los maravillosos pies de
nieve empezaban a sangrar también.

—No puedo más[16] —dijo al niño.

Y éste, que tenía su miaja de sentido práctico, le respondió,

—A ti (porque desde un principio se tutearon[17]) a ti lo
que te falta[18] es un par de zapatos. Vamos a casa, diré a
mamá que te los compre.[19]

—¿Y qué es esto de zapatos?[20] —preguntó el ángel.

—Pues mira —contestó el niño mostrándole los suyos—;

---

[8] *En esto:* just then.   [9] *del caído:* of the fallen one.   [10] *los niños sí suelen comprender:*
children usually do understand. (The *sí* here serves to emphasize the verb.)
[11] *en fin:* anyway.   [12] *Los ángeles no pesan:* Angels are weightless.   [13] *bastó y sobró:*
was more than enough.   [14] *¡ es claro !* naturally!   [15] *estaba para dar compasión:*
was a pitiful sight.   [16] *No puedo más:* I can't go on anymore.   [17] *porque . . .*
tutearon: because from the very beginning they spoke to each other in the *tú*
form.   [18] *a . . . falta:* what you need.   [19] *diré . . . compre:* I'll tell mama to buy
them for you.   [20] *¿ Y . . . zapatos ?* And what's this talk about shoes?

algo que yo rompo mucho y que me cuesta buenos regaños.[21]

—Y yo he de ponerme esto tan feo . . .

—Claro . . . ¡o no andas! Vamos a casa. Allí mamá te frotará con árnica y te dará zapatos.

—Pero si ya no me es posible andar[22] . . . ¡cárgame!

—¿Podré contigo?[23]

—¡Ya lo creo!

Y el niño alzó en vilo a su compañero,[24] sentándolo en su hombro, como lo hubiera hecho un diminuto San Cristóbal.[25]

—¡Gracias! —suspiró el herido—; qué bien estoy así . . .[26] ¿Verdad que no peso?[27]

—¡Es que yo tengo fuerzas! —respondió el niño con cierto orgullo y no queriendo confesar que su celeste bulto era más ligero que uno de plumas.

En esto se acercaban al lugar,[28] y les aseguro a ustedes que no era menos extraño ahora que antes el espectáculo de un niño que llevaba en brazos a un ángel, al revés de lo que nos muestran las estampas.

Cuando llegaron a la casa, sólo unos cuantos chicuelos curiosos los seguían. Los hombres, muy ocupados en sus negocios, las mujeres que comadreaban en las plazuelas y al borde de las fuentes, no se habían fijado en que pasaban un niño y un ángel. Sólo un poeta que divagaba por aquellos contornos,[29] asombrado, clavó en ellos los ojos y sonriendo beatamente los siguió durante buen espacio de tiempo con la mirada . . . Después se alejó pensativo . . .

Grande fué la piedad de la madre del niño cuando éste le mostró a su alirroto compañero.

---

[21] *que me cuesta buenos regaños:* which gets me lots of scolding.   [22] *Pero . . . andar:* But I can't walk anymore. (Don't translate the *si.*)   [23] *¿Podré contigo?* Will I be able to carry you?   [24] *alzó . . . compañero:* lifted his companion up in the air.   [25] *como . . . Cristóbal:* as a little St. Christopher might have done. (St. Christopher is the patron saint of travelers.)   [26] *qué bien estoy así:* this is very comfortable.   [27] *¿Verdad que no peso?* Didn't I tell you I wasn't heavy?   [28] *al lugar:* the village.   [29] *por aquellos contornos:* in that vicinity.

—¡Pobrecillo![30] —exclamó la buena señora—; le dolerá mucho el ala,[31] ¿eh?

El ángel, al sentir que le hurgaban la herida, dejó oír un lamento armonioso.[32] Como nunca había conocido el dolor, era más sensible a él que los mortales, forjados para la pena.[33]

Pronto la caritativa dama le vendó el ala, a decir verdad con trabajo,[34] porque era tan grande que no bastaban los trapos, y más aliviado, y lejos ya de las piedras del camino, el ángel pudo ponerse en pie y enderezar su esbelta estatura.[35]

Era maravilloso de belleza.[36] Su piel translúcida parecía iluminada por suave luz interior y sus ojos, de un hondo azul de incomparable diafanidad, miraban de manera que cada mirada producía un éxtasis.

—Los zapatos, mamá, eso es lo que le hace falta. Mientras no tenga zapatos, ni María ni yo (María era su hermana) podremos jugar con él —dijo el niño.

Y esto era lo que le interesaba sobre todo: jugar con el ángel.

A María, que acaba de llegar también de la escuela, y que no se hartaba de contemplar al visitante, lo que le interesaba más eran las plumas; aquellas plumas gigantescas, nunca vistas,[37] de ave del Paraíso, de quetzal[38] heráldico . . . de quimera, que cubrían las alas del ángel. Tanto que no pudo contenerse, y acercándose al celeste herido, le cuchicheó estas palabras:

---

[30] *¡Pobrecillo!* Poor boy! [31] *le dolerá mucho el ala:* his wing must really hurt him. (Note again the use of the future to suggest conjecture.) [32] *dejó oír un lamento armonioso:* let out a harmonious wail. [33] *era . . . pena:* he was more sensitive to pain than were mortals, who were constructed to withstand it. [34] *a decir verdad con trabajo:* to be truthful, with some difficulty. [35] *enderezar su esbelta estatura:* straighten up his slender, well-built figure. [36] *Era maravilloso de belleza:* He was marvelously beautiful. [37] *nunca vistas:* never before seen. [38] *quetzal:* tropical American climbing bird, with soft iridescent green and red feathers.

—Di, ¿te dolería que te arrancase yo una pluma?[39] La deseo para mi sombrero . . .

—Niña —exclamó la madre, indignada, aunque no comprendía del todo aquel lenguaje.

Pero el ángel, con la más bella de sus sonrisas, le respondió extendiendo el ala sana.

—¿Cuál te gusta?

—Esta tornasolada . . .

—¡Pues tómala!

Y se la arrancó resuelto, con movimiento lleno de gracia, extendiéndola a su nueva amiga, quien se puso a contemplarla embelesada.

No hubo manera de que ningún zapato le viniese al ángel.[40] Tenía el pie muy chico, y alargado en una forma deliciosamente aristocrática, incapaz de adaptarse a las botas americanas (únicas que había en el pueblo), las cuales le hacían un daño tremendo, de suerte que cojeaba peor que descalzo.

La niña fué quien[41] sugirió, al fin, la buena idea:

—Que le traigan —dijo— unas sandalias.[42] Yo he visto a San Rafael[43] con ellas, en las estampas en que lo pintan de viaje,[44] con el joven Tobías,[45] y no parecen molestarle en lo más mínimo.[46]

El ángel dijo que, en efecto, algunos de sus compañeros las usaban para viajar por la tierra; pero que eran de un material finísimo, más rico que el oro, y estaban cuajadas de piedras preciosas. San Crispín, el bueno de San Crispín,[47] las fabricaba.

---

[39] *Di . . . pluma?* Say, would it hurt you if I pulled a feather out? [40] *No . . . ángel:* There was no way of getting a shoe on the angel. [41] *quien:* the one who. [42] *Que . . . sandalias:* Let's get him some sandals. [43] *San Rafael:* one of the Archangels. [44] *lo pintan de viaje:* they show him traveling. [45] *Tobías:* a Biblical Jew celebrated for his piety. He was taken to the land of the Medes by the Archangel Raphael. [46] *en lo más mínimo:* in the least. [47] *el bueno de San Crispín:* good old St. Crispin. (St. Crispin is the patron saint of shoemakers.)

—Pues aquí —observó la niña— tendrás que contentarte con unas menos lujosas, y déjate de santos[48] si las encuentras.

* * * *

Por fin, el ángel, calzado con sus sandalias y bastante restablecido de su mal, pudo ir y venir por toda la casa.

Era adorable escena verle jugar con los niños. Parecía un gran pájaro azul, con algo de mujer y mucho de paloma, y hasta en lo zurdo de su andar[49] había gracia y señorío.

Podía ya mover el ala enferma, y abría y cerraba las dos con movimientos suaves y con un gran rumor de seda, abanicando a sus amigos.

Cantaba de un modo admirable, y refería a sus dos oyentes historias más bellas que todas las inventadas por los hijos de los hombres.

No se enfadaba jamás. Sonreía casi siempre, y de cuando en cuando se ponía triste.

Y su faz, que era muy bella cuando sonreía, era incomparablemente más bella cuando se ponía pensativa y melancólica, porque adquiría una expresión nueva que jamás tuvieron los rostros de los ángeles y que tuvo siempre la faz del Nazareno,[50] a quien, según la tradición nunca se le vió reír y sí se le vió muchas veces llorar.[51]

Esta expresión de tristeza augusta fué, quizá, lo único que se llevó el ángel de su paso por la tierra . . .

* * * *

¿Cuántos días transcurrieron así? Los niños no hubieran podido contarlos; la sociedad con los ángeles, la familiaridad con el Ensueño, tienen el don de elevarnos a planos superiores, donde nos sustraemos a las leyes del tiempo.

El ángel, enteramente bueno ya, podía volar, y en sus juegos maravillaba a los niños, lanzándose al espacio con

---

[48] *y déjate de santos:* and don't worry about what the saints do.   [49] *en . . . andar:* in the clumsy way he walked.   [50] *(d)el Nazareno:* Jesus Christ.   [51] *nunca . . . llorar:* was never seen to laugh, but *was* seen to weep many times. (Note again the use of *sí* for emphasis.)

una majestad suprema; cortaba para ellos la fruta de los
más altos árboles, y, a veces, los cogía a los dos en sus brazos
y volaba de esta suerte.[52]

Tales vuelos, que constituían el deleite mayor para los
5 chicos, alarmaban profundamente a la madre.

—No vayáis a dejarlos caer por inadvertencia,[53] señor
Angel —le gritaba la buena mujer—. Os confieso que no
me gustan juegos tan peligrosos . . .

Pero el ángel reía y reían los niños, y la madre acababa
10 por reír también, al ver la agilidad y la fuerza con que
aquél los cogía en sus brazos, y la dulzura infinita con que
los depositaba sobre el césped del jardín . . . ¡Se hubiera
dicho que hacía su aprendizaje de Angel Custodio![54]

—Sois muy fuerte, señor Angel —decía la madre, llena
15 de pasmo.

Y el ángel, con cierta inocente suficiencia infantil, res-
pondía:

—Tan fuerte, que podría zafar de su órbita a una estrella.

*   *   *   *

Una tarde, los niños encontraron al ángel sentado en un
20 poyo de piedra, cerca del muro del huerto, en actitud de
tristeza más honda que cuando estaba enfermo.

—¿Qué tienes?[55] —le preguntaron al unísono.

—Tengo —respondió— que ya estoy bueno;[56] que no
hay ya pretexto para que permanezca con vosotros . . .;[57]
25 ¡que me llaman de allá arriba, y que es fuerza que me vaya![58]

—¿Que te vayas?[59] ¡Eso, nunca! —replicó la niña.

---

[52] *de esta suerte:* in this manner.   [53] *No . . . inadvertencia:* Don't go and let them
accidentally fall. (The mother, to show extreme respect, addresses the angel
in the second person plural, which has all but passed from conversational
usage in Spanish America.)   [54] *¡Se . . .Custodio!* One would have said that he
was serving his apprenticeship to become a Guardian Angel!   [55] *¿Qué tienes?*
What's wrong?   [56] *Tengo . . . bueno:* I'm well now—that's what's wrong.
[57] *vosotros:* Note that the angel uses *vosotros* for the plural of *you.* This non-
Spanish-American usage lends an odd flavor to his speech.   [58] *es fuerza
que me vaya:* I have to leave.   [59] *¿Que te vayas?* Have to leave?

—¡Eso, nunca! —repitió el niño.

—¿Y qué he de hacer si me llaman? . . .

—Pues no ir . . . .

—¡Imposible!

Hubo una larga pausa llena de angustia.   5

Los niños y el ángel lloraban.

De pronto, la chica, más fértil en expedientes, como mujer, dijo:

—Hay un medio de que no nos separemos . . .[60]

—¿Cuál? —preguntó el ángel, ansioso.   10

—Que nos lleves contigo.

—¡Muy bien! —afirmó el niño palmoteando.

Y con divina confusión, los tres se pusieron a bailar como unos locos.

Pasados, empero, estos transportes,[61] la niña se quedó   15
pensativa, y murmuró:

—Pero ¿y nuestra madre?

—¡Eso es![62] —corroboró el ángel—; ¿y vuestra madre?

—Nuestra madre —sugirió el niño— no sabrá nada . . . Nos iremos sin decírselo . . ., y cuando esté triste, vendremos   20
a consolarla.

—Mejor sería llevarla con nosotros —dijo la niña.

—¡Me parece bien!—afirmó el ángel—. Yo volveré por ella.

—¡Magnífico!

—¿Estáis, pues, resueltos?   25

—Resueltos estamos.

*   *   *   *

Caía la tarde fantásticamente, entre niágaras de oro.

El ángel cogió a los niños en sus brazos, y de un solo ímpetu se lanzó con ellos al azul luminoso.

La madre en esto llegaba al jardín, y todo trémula los   30
vió alejarse.

[60] *Hay . . . separemos:* There's one way that we won't have to be separated.
[61] *Pasados, empero, estos transportes:* Nevertheless, when these raptures were over.
[62] *¡Eso es!* That's right.

El ángel, a pesar de la distancia, parecía crecer. Era tan diáfano, que a través de sus alas se veía el sol.

La madre, ante el milagroso espactáculo, no pudo ni gritar.[63] Se quedó alelada, viendo volar hacia las llamas del
5 ocaso aquel grupo indecible, y cuando, más tarde, el ángel volvió al jardín por ella, la buena mujer estaba aún en éxtasis.

Exercises

A. CUESTIONARIO

1. ¿Por qué cayó el ángel a la tierra?
2. ¿Quién ayudó al ángel a levantarse?
3. ¿Qué le faltaba al ángel para que caminara sin sufrir?
4. ¿Cómo llevó el niño al ángel hasta su casa?
5. ¿Qué sugirió María para el ángel en vez de zapatos?
6. ¿Qué parecía el ángel mientras jugaba con los niños?
7. ¿Cómo divertía el ángel a los niños?
8. ¿Por qué estaba el ángel en una actitud de tristeza un día?
9. ¿Qué medio sugirió la chica al ángel para no separarse?
10. ¿Hasta dónde los llevó el ángel a la madre y a sus hijos?

B. VERB EXERCISES

Using the expressions in the right-hand column, give the Spanish for the English sentences listed on the left.

1. *a)* We began to understand him better.   *empezar a*
   b) They'll begin to leave in a few minutes.

2. *a)* Why don't we speak to each other in   *tutearse*
   the familiar form?
   b) From the first moment, they spoke to
   each other in the *tú* form.

---

[63] *no pudo ni gritar:* couldn't even cry out.

3. a) We're to be here at nine o'clock, if not   *haber de*
      before.
   b) They were supposed to prepare one
      lesson a day.

4. a) I had never noticed that.   *fijarse en*
   b) Don't you notice *anything?*

5. a) We would stand up when the teacher   *ponerse de pie*
      entered.
   b) Paco, stand up right now!

6. a) The train drew away from the city.   *alejarse*
   b) We had to move away from the fire.

7. a) I need two strong arms.   *hacer falta*
   b) Didn't you need more money?

8. a) Be careful! I don't want to hurt him.   *hacer daño*
   b) Go on, the dog won't hurt you.

9. a) What happened then?   *acontecer*
   b) That used to happen every day.

10. a) Help me raise this.   *ayudar a*
    b) She helped him write the letter to his
       parents.

C. DRILL ON NEW EXPRESSIONS

From the expressions on the right, select the one corresponding
to the italicized English words on the left.

1. La casa del pobre *was a pitiful sight.*   *por más señas*
2. Vamos a traerle sandalias *instead of*   *más tarde*
   zapatos.
3. ¿*What's all this about* chicos que vuelan?   *en fin*
4. Les vimos *across* los campos.   *de suerte (manera)*
      que
5. Pues, *anyway,* así me lo dijeron.   *estaba para dar*
      compasión
6. Se le vió reír *once in a while.*   *qué es esto de*
7. Se compró un coche, el de su tío, *to be*   *al revés de*
   exact.

8. Ella aprendió a manejar a escondidas, *so* *de cuando en*
   su papá no lo supo. *cuando*
9. Voy a hacerlo *just the opposite from* lo que *en vez de*
   él sugiere.
10. *Later*, salieron a jugar con los niños. *a través de*

D. REVIEW OF VERBS

The following verbs which were stressed in earlier stories reappeared in "El ángel caído." Did you remember them? Review them on sight once more. As a check, try to use them correctly in a question of your own composition, and then answer it.

acudir, no poder más, acabar de, ponerse a, acabar por.

Ricardo Palma

EL ALACRÁN
DE FRAY GÓMEZ

The "Tradición" of Ricardo Palma

The Peruvian writer RICARDO PALMA *(1833-1919)* is one of the most colorful figures in all Spanish-American literature. He was born in Lima, and it was there that he died in *1919*, leaving behind him a great body of writings about Peru and the Incan civilization which had existed in that region before the arrival of the Spanish conquistadores. Palma's chief contribution lies in his Tradiciones peruanas, *which he published in ten volumes between 1872 and 1910*. These bright and lively tradiciones *sparkle with the sharp wit and roguish flair for story-telling that characterize his best pages.*

The tradición *was a fresh literary genre created by Palma. It usually took the form of a historical anecdote in which the author artfully combined fact and fancy in recounting the glories and intrigues of colonial Lima when it was the home of the most elegant society in the New World. Palma has not only recreated much of Peru's colonial history in his tales, but has also captured the delightful flavor of these early days.* "El alacrán de fray Gómez," *a charming* "miracle" *story, is one of the best-known of Palma's* Tradiciones peruanas.

El alacrán de fray Gómez

Cuando yo era muchacho, oía con frecuencia a las viejas exclamar, ponderando el mérito y precio de una alhaja: «¡Esto vale tanto como el alacrán de fray Gómez!» Y explicar este dicho de las viejas es lo que me propongo con esta tradición.

Fray Gómez era un lego contemporáneo de don Juan de la Pipirindica, el de la valiente pica, y de San Francisco Solano, que desempeñaba en Lima, en el convento de los padres seráficos, las funciones de refitolero en la enfermería u hospital de los devotos frailes. Fray Gómez hizo en mi tierra milagros a mantas,[1] sin darse cuenta de ellos y como

---

[1] *a mantas:* by the dozen.

quien no quiere la cosa.[2] Era de suyo milagrero,[3] como
aquél que hablaba en prosa sin sospecharlo.

Sucedió que un día iba el lego por el puente, cuando un
caballo desbocado arrojó sobre las losas al jinete. El infeliz
quedó patitieso, con la cabeza hecha una criba[4] y arrojando   5
sangre por boca y narices.

—¡Se descalabró, se descalabró! —gritaba la gente—.
¡Que vayan[5] a San Lorenzo por el santo óleo!

Y todo era bullicio y alharaca.

Fray Gómez se acercó pausadamente al que yacía en   10
tierra, le puso sobre la boca el cordón de su hábito, le echó
tres bendiciones,[6] y sin más médico ni más botica el descalabrado se levantó tan fresco, como si no hubiera recibido
golpe.

—¡Milagro, milagro! ¡Viva fray Gómez![7] —exclamaron   15
los infinitos espectadores.

Y en su entusiasmo intentaron llevar en triunfo al lego.
Éste, para substraerse de la popular ovación, echó a correr
camino de su convento y se encerró en su celda.

La crónica franciscana cuenta esto último de manera   20
distinta. Dice que fray Gómez, para escapar de sus aplaudi-
dores, se elevó en los aires y voló desde el puente hasta la
torre de su convento. Yo ni lo niego ni lo afirmo. Puede que
sí y puede que no.[8] Tratándose de maravillas,[9] no gasto
tinta en defenderlas ni en refutarlas.   25

Aquel día estaba fray Gómez en vena de hacer milagros,[10]
pues cuando salió de su celda se encaminó a la enfermería,
donde encontró a San Francisco Solano acostado sobre una
cama, víctima de una furiosa jaqueca. El lego lo pulsó y le
dijo: 30

[2] *como . . . cosa:* like someone who isn't even trying.   [3] *Era de suyo milagrero:*
He was a natural-born miracle-maker.   [4] *hecha una criba:* battered.   [5] *¡Que
vayan:* Somebody go.   [6] *le echó tres bendiciones:* he blessed him three times.
[7] *¡Viva fray Gómez!* Long live brother Gómez!   [8] *Puede . . . no:* Maybe he did,
and maybe he didn't.   [9] *Tratándose de maravillas:* When it's a question of
miracles.   [10] *en vena de hacer milagros:* in the mood for working miracles.

—Su paternidad está muy débil, y haría bien en tomar algún alimento.[11]

—Hermano —contestó el santo—, no tengo apetito.

—Haga un esfuerzo, reverendo padre, y pase siquiera un
5 bocado.[12]

Y tanto insistió el refitolero, que el enfermo, por librarse de exigencias que picaban ya en majadería,[13] ideó pedirle lo que hasta para el virrey habría sido imposible conseguir, por no ser la estación propicia para satisfacer el antojo.[14]

10 —Pues mire, hermanito, sólo comería con gusto un par de pejerreyes.

Fray Gómez metió la mano derecha dentro de la manga izquierda, y sacó un par de pejerreyes tan fresquitos que parecían acabados de salir del mar.[15]

15 —Aquí los tiene su paternidad, y que en salud se le conviertan.[16] Voy a guisarlos.

Y con los benditos pejerreyes quedó San Francisco curado como por ensalmo.[17]

Estaba otra mañana fray Gómez en su celda entregado a
20 la meditación,[18] cuando dieron a la puerta unos discretos golpecitos, y una voz de quejumbroso timbre dijo:

—*Deo gratias*.[19] ¡Alabado sea el Señor![20]

—Por siempre jamás,[21] amén. Entre, hermanito —contestó fray Gómez.

25 Y penetró en la humildísima celda un individuo algo desarrapado, y pobre, pero en cuyo rostro se dejaba adivinar la proverbial honradez del castellano viejo.

Todo el mobiliario de la celda se componía de cuatro

---

[11] *haría . . . alimento:* you would do well to eat some food.   [12] *pase siquiera un bocado:* try a little something.   [13] *que picaban ya en majadería:* which were already bordering on nonsense.   [14] *por . . . antojo:* because the season wasn't right to be able to satisfy his whim.   [15] *que . . . mar:* that they looked as though they had just been pulled out of the sea.   [16] *y . . . conviertan:* and may they bring you back to good health.   [17] *quedó . . . ensalmo:* St. Francis was cured as if by magic.   [18] *entregado a la meditación:* lost in meditation.   [19] *Deo gratias:* Thanks be to God (*Latin*).   [20] *¡Alabado sea el Señor!* Praise the Lord!   [21] *Por siempre jamás:* Forever and ever.

sillones de vaqueta, una mesa mugrienta, y una tarima sin colchón, sábanas ni abrigo, y con una piedra por cabezal o almohada.

—Tome asiento, hermano, y dígame sin rodeos lo que por acá le trae —dijo fray Gómez.

—Es el caso, padre, que yo soy hombre de bien a carta cabal.[22]

—Se le conoce[23] y deseo que persevere, que así merecerá en esta vida terrena la paz de conciencia, y en la otra la bienaventuranza.

—Y es el caso que soy buhonero, que vivo cargado de familia[24] y que mi comercio no cunde por falta de medios, que no por holgazanería y escasez de industria en mí.

—Me alegro, hermano, que a quien honradamente trabaja, Dios le acude.[25]

—Pero es el caso, padre, que hasta ahora Dios se me hace el sordo,[26] y en acorrerme tarda.

—No desespere, hermano, no desespere.

—Pues es el caso, que a muchas puertas he llegado en demanda de habilitación por quinientos duros,[27] y todas las he encontrado con cerrojo y cerrojillo.[28] Y es el caso que anoche, en mis cavilaciones, yo mismo me dije a mí mismo: —¡Ea!, Jeromo, buen ánimo[29] y vete a pedirle el dinero a fray Gómez, que si él lo quiere, mendicante y pobre como es, medio encontrará para sacarte del apuro. Y es el caso que aquí estoy porque he venido, y a su paternidad le pido y ruego que me preste esa puchuela por seis meses.

—¿Cómo ha podido imaginarse, hijo, que en esta triste celda encontraría ese caudal?

---

[22] *Es . . . cabal:* The fact is, father, that I am an honest man through and through. [23] *Se le conoce:* That is apparent. [24] *vivo cargado de familia:* I'm burdened with a family. [25] *Me . . . acude:* I'm happy, brother, for God takes care of those who work honestly. [26] *Dios . . . sordo:* God has turned a deaf ear on me. [27] *en . . . duros:* asking for 500 duros worth of backing. [28] *con cerrojo y cerrojillo:* locked up tight. [29] *buen ánimo:* cheer up.

—Es el caso, padre, que no acertaría a responderle;[30] pero tengo fe en que no me dejará ir desconsolado.

—La fe lo salvará, hermano. Espere un momento.

5 Y paseando los ojos por las desnudas y blanqueadas paredes de la celda, vió un alacrán que caminaba tranquilamente sobre el marco de la ventana. Fray Gómez arrancó una página de un libro viejo, se dirigió a la ventana, cogió con delicadeza a la sabandija, la envolvió en el papel y tornándose hacia el castellano viejo le dijo:

10 —Tome, buen hombre, y empeñe esta alhajita; no olvide, sí, devolvérmela dentro de seis meses.

El buhonero se deshizo en frases de agradecimiento,[31] se despidió de fray Gómez y más que de prisa[32] se encaminó a la tienda de un usurero.

15 La joya era espléndida, verdadera alhaja de reina morisca, por decir lo menos. Era un prendedor figurando un alacrán.[33]

Una magnífica esmeralda engarzada sobre oro formaba el cuerpo, y un grueso brillante con dos rubíes por ojos 20 formaba la cabeza.

El usurero, que era un hombre conocedor, vió la alhaja con codicia, y ofreció al necesitado adelantarle dos mil duros por ella; pero nuestro español se empeñó en no aceptar otro préstamo que el de quinientos duros por seis 25 meses, y con un interés excesivo, se entiende.[34] Se extendieron y se firmaron los documentos o papeletas de estilo, acariciando el agiotista la esperanza de que a la postre el dueño de la prenda acudiría por más dinero, que con el recargo de intereses lo convertiría en propietario[35] de joya tan 30 valiosa por su mérito intrínseco y artístico.

---

[30] *no acertaría a responderle:* I couldn't answer that.   [31] *se . . . agradecimiento:* he was overwhelmed with gratitude.   [32] *más que de prisa:* with great haste.   [33] *Era . . . alacrán:* It was a brooch in the shape of a scorpion.   [34] *se entiende:* of course.   [35] *que . . . propietario:* that, in the end, the owner of the article would come back for more money, which, with the added interest charges, would turn him (the moneylender) into the owner.

Pero con este capitalito[36] le fué tan prósperamente en su comercio, que a la terminación del plazo pudo desempeñar la prenda, y, envuelta en el mismo papel que la había recibido, se la devolvió a fray Gómez.

Éste tomó el alacrán, lo puso sobre el alféizar de la ventana, le echó una bendición y dijo: 5

—Animalito de Dios, sigue tu camino.

Y el alacrán echó a andar libremente por las paredes de la celda.

Exercises

A. CUESTIONARIO

1. ¿Dónde desempeñaba fray Gómez las funciones de refitolero?
2. ¿Cómo le curó fray Gómez al caballero descalabrado?
3. ¿Qué milagro hizo fray Gómez en presencia de San Francisco Solano?
4. ¿Quién entró una mañana en la humilde celda del padre?
5. ¿Qué favor le pidió a fray Gómez?
6. ¿Qué cogió fray Gómez de la pared de su celda?
7. ¿En qué se convirtió el animalito?
8. ¿Se dió cuenta el usurero del valor de la alhaja?
9. ¿Cuánto le dió el usurero al buhonero por la joya?
10. ¿Qué hizo fray Gómez con el alacrán cuando el buhonero se lo devolvió?

B. VERB EXERCISES

Using the expressions in the right-hand column, give the Spanish for the English sentences listed on the left.

1. *a)* It turned out that he wasn't her brother.   *suceder*
   b) It happens that we don't have any money.

---

[36] *capitalito:* little bit of capital.

2. *a)* You'd do well not to work so much.   *hacer bien en*
   b) I think he did well in not saying anything.

3. *a)* They will start complaining right away.   *echar a*
   b) The old fellow began talking about strange things.

4. *a)* This book is made up of four sections.   *componerse de*
   b) The class was made up of ten boys and fifteen girls.

5. *a)* Please be seated.   *tomar asiento*
   b) He always sat at the back of the class.

6. *a)* The moneylender turned a deaf ear on them.   *hacerse el sordo*
   b) You wouldn't turn a deaf ear on her, would you?

7. *a)* I imagine you're very tired now.   *imaginarse*
   b) Imagine that you're no longer poor.

8. *a)* I didn't realize then what she was saying.   *darse cuenta de*
   b) You'll realize later what you have done.

9. *a)* It's not a matter here of honor.   *tratarse de*
   b) It wasn't a question of money.

10. *a)* He'd lock himself up in his cell for days.   *encerrarse*
   b) Why did you lock yourself up in your room this afternoon?

C. DRILL ON NEW EXPRESSIONS

From the expressions on the right, select the one corresponding to the italicized English on the left.

1. Lo habré terminado *within* unos días.   *con frecuencia*
2. Tuve que presentar los papeles *usual*.   *viva*

3. Tiene Ud. mucha suerte, *to say the least.*   *camino de*

4. Íbamos al centro *often.*   *estar en vena de*

5. *It's understood* que Vd. no tiene que ir.   *un par de*

6. Vamos a la librería a comprar *a couple of*   *por falta de*
libros.

7. El chico salió corriendo *in the direction of*   *dentro de*
su casa.

8. « ¡*Long live* el rey! »   *se entiende*

9. No hicimos el viaje *out of a lack of* tiempo.   *de estilo*

10. No vamos a *be in a mood for* estudiar hoy.   *por decir lo menos*

Carlos Luis Fallas

LA DUEÑA DE LA GUITARRA DE LAS CONCHAS DE COLORES

The Childhood Reminiscences of Carlos Luis Fallas

CARLOS LUIS FALLAS *(1909-   ) was born in El Llano de Alajuela, Costa Rica, and served at various times during this early years as an apprentice mechanic, stevedore, banana boat worker, dynamiter, and tractor operator. After returning to his home in Alajuela at the age of twenty-two, he joined the Costa Rican revolutionary movement. It was while writing for the workers' press that he first exercised his abilities in prose composition.*

Fallas is fond of writing about children and childhood. His two best-known works, Mamita Yunai *(1940) and* Marcos Ramírez *(1952), are written from a young person's point of view. Their appeal has been universal—for such is the appeal of reminiscences about childhood. Both books have been published in Argentina, Germany, Poland, Russia, and in numerous other countries in Europe and Spanish America. The present tale, "La dueña de la guitarra de las conchas de colores," is written from the point of view of an adult, but it deals entirely with a young girl and the impact of her ingenuous, almost mystical charm on a sensitive older person. There is a lyric intensity to this little story that cannot fail to leave its lasting impression on the reader.*

La dueña de la guitarra
de las conchas de colores

Ustedes no conocieron a Esther. Yo tuve esa dicha
por una feliz casualidad. Fué una tarde de
verano, cuando el cielo era más azul y la brisa
marina acariciaba a la ciudad porteña. Yo había
5 regresado después de algunos meses de ausencia y al dar
una vuelta la encontré sentada, en una esquina del tajamar,
contemplando la inmensidad del océano. Me llamó la
atención su figurilla graciosa y su aspecto soñador. ¿En qué
estaría pensando esa chiquilla?[1] Me quedé mirándola y

---

[1] *¿En . . . chiquilla?* What could that little girl have been thinking about?
(Note again the use of the conditional to suggest conjecture.)

ella me sintió; inmediatamente se volvió hacia mí y, como si fuéramos viejos conocidos, me saludó con una sonrisa que descubrió sus dientecillos blancos y perfectos.

Era una preciosa chiquilla de cabellos rubios y abundantes; sus ojos de cielo eran ingenuamente alegres, y su boquilla fresca y alegre como el agua de los ríos. No pude resistir la tentación de hablarle:

—¿Cómo te llamás?[2]

—Esther.

No pronunció ese nombre; lo cantó con su voz armoniosa.

—¿Hace mucho tiempo que estás viviendo aquí?

—Sí —me dijo.— Como tres meses.

Por el canto de su voz, por la forma graciosa de pronunciar ciertas letras, me daba cuenta de que no era del país.

—Vos no sos de aquí, ¿verdá?[3]

—No. Yo soy de allá.—y reía mientras señalaba el Norte. Luego añadió, como para que no me quedaran dudas:

—De Nicaragua. Es que me mandaron a pasar unos meses con mi tía.

—¿Y qué estabas haciendo aquí tan sola? ¿En qué pensabas?

—Es que me gusta ver el mar y oír ese ruido de las olas. ¿A usté no le gusta tocar la espuma que se queda en la orilla? Yo antes iba a aquella playa a buscar caracoles, pero mi tía me dijo que no volviera porque allí hay gente muy mala, ¿es verdá?

—Seguro que sí[4] —le dije yo, por darle la corriente.[5]

---

[2] *¿Cómo te llamás?* In some parts of Spanish America an additional form for "you" is used. It is in the second person singular and is even more familiar than *tú.* The subject pronoun is *vos:* the direct, indirect, and reflexive object pronouns are *te:* and the object of a preposition is *vos.* The present tense of the verb has a different form from the six you already know. For example, the form for *llamar* is *llamás,* for *saber, sabés,* and for *ser, sos.*   [3] *¿verdá?* In colloquial Spanish the final "d" of words is often not sounded. Normally, though, to omit it in writing is considered incorrect, but authors sometimes do it deliberately to represent popular speech.   [4] *Seguro que sí:* Certainly.   [5] *por darle la corriente:* to humor her (literally, to let her have her own way).

Y la chiquilla, ya en confianza:

—También me gusta la música y las canciones, pero a mi tía no le gusta cantar.

—Ah, ¿te gustan las canciones? Pues te voy a cantar una que yo sé. —Y le canté, en voz baja, una canción que estaba en boga.

—Es muy linda esa canción —murmuró. — Yo también sé muchas canciones y sé tocar guitarra.

—Sabés tocar guitarra, ¿cuántos años tenés?

—Ocho.

Y como había adivinado que yo no le creía lo de la guitarra,[6] entró en largas explicaciones. Así supe que su papá era maestro de escuela y que deseaba que ella llegara a serlo[7] también; que desde chiquita le había estado enseñando a tocar guitarra y que su hermano mayor le había hecho una preciosa, pequeña, sonora y adornada con conchitas de colores; que su mamá estaba enferma y por eso la habían mandado para donde la tía[8] que vivía en una casita de corredor[9] que veíamos desde donde estábamos sentados. Todo esto contado ingenuamente, con su voz armoniosa de tonos musicales.

—Me gustaría oírte cantar con tu guitarra —le dije.

—Voy a decirle a mi tía que me dé permiso y la traigo en un momento.

En un instante llegó hasta la casita. Su tía se asomó a la ventana y yo le hice un saludo con la mano. Y ella volvió feliz y contenta con su guitarra de conchas de colores.

—¿Ve qué linda? ¡Suena como una grande! —exclamó entusiasmada.

Comenzó a puntearla, y de verdad que la preciosa guitarrilla era sonora como la voz de su pequeña dueña.

—Voy a cantarle una canción que me enseñó mamá—.

[6] *lo de la guitarra:* that business about the guitar.   [7] *llegara a serlo:* to become one.   [8] *para donde la tía:* to her aunt's.   [9] *una casita de corredor:* a little house with a front porch.

Y acompañándose con propiedad,[10] cantó un triste pasillo de su tierra.

Cantando con su voz maravillosa la chiquilla se transportaba y ponía en su canto temblores de emoción y sentimiento.

—Eso es bonito pero muy triste. Cantate[11] algo más alegre.

Riéndose entonó el alegre « punto guanacasteco ».[12] ¡Entonces sí que hubo derroche de armonías![13] Yo veía sus ágiles y sonrosados deditos tejer maravillosos arabescos sobre las cuerdas del instrumento, y en su canto palpitaba el alma ardiente de la pampa!

> « Yo tengo mi tengo tengo[14]
> y ninguno lo sabía.
> Tengo mi tengo tengo
> y lo tengo todavía ».

> « Mirá,[15] corazón, dejá[16] de llorar,
> mirá que tus penas me van a matar . . . »

¡La pequeña era una artista consumada!

—¿Vos no bailás? —le pregunté.

—A mamá no le gusta, pero yo aprendo a escondidas, con mi hermano.

Luego se quedó abstraída contemplando el mar y como le había preguntado si le gustaría vivir siempre en medio de las olas, me respondió:

—A mí me gustaría tener una casita en medio del mar, para vivir cantando y viendo los peces de colores y los pájaros que pasan . . .

* * * *

Tuve que alejarme del puerto en una gira por las fincas y montañas del Atlántico. Quince días de duro caminar.

[10] *con propiedad:* well. [11] *Cantate:* Sing (imperative for *vos*). [12] *«punto guanacasteco»:* a popular song from the Guanacaste region of northern Costa Rica. [13] *sí . . . armonías!* there certainly was a flood of melodies! [14] *Yo tengo mi tengo tengo:* I have something that's all mine. [15] *Mirá:* Look (imperative for *vos*). [16] *dejá:* stop (imperative for *vos*).

Al fin regresé una mañana, lleno de barro y muerto de cansancio. Al pasar frente al mercado divisé a Esther comprando unas naranjas y la llamé para saludarla y preguntarle si habían recibido noticias de la enferma.

5 No, no habían recibido carta de Nicaragua, pero tal vez les vendría una en la lancha que estaba por llegar. A su vez me preguntó de dónde venía con tanto barro y con la barba tan crecida. Por entretenerla un rato le conté que había andado por los trillos de los bosques, chapaleando 10 barro, sintiendo las gotas del agua chocar contra mi cara, y llegar así hasta los ranchillos perdidos a conversar con las gentes que viven en la montaña.

—Pero ahora vengo muy triste y muy cansado —le dije.

—¿Querés que vaya allá esta tarde a contarte cuentos y a 15 oírte cantar?

Aceptó encantada.

Esa tarde cantó muchas canciones lindas y sencillas como las flores del campo. Después me pidió que le contara un cuento.

20 Eché a volar mi fantasía[17] y le hablé de unos países misteriosos que estaban allá, donde el mar se terminaba; de ciudades encantadas; de duendes traviesos y de hadas de cabellos rubios, como los de ella.

Esther sonreía escuchándome, mientras contemplaba las 25 nubecillas lejanas por entre las que se asomaba, de vez en cuando, la media cara de la luna.

—¿Nadie puede llegar hasta la luna? —me preguntó de pronto. —¿Qué será lo que hay allá arriba?[18]

Y yo, siguiendo sus fantasías:

30 —Los indios que viven en las montañas tienen unos bejucos mágicos para hacer escalas que llegan a la luna. Ellos dicen que allá hay cosas muy bonitas y yo quiero traerte unas.

---

[17] *Eché a volar mi fantasía:* I let my imagination go. [18] *¿Qué . . . arriba?* I wonder what there is up there?

—Seguro que en la luna no hay montañas oscuras ni caminos con barro —murmuró.

—¿Por qué le gusta a usté andar así?

—Es porque en las montañas están esos ranchitos perdidos, donde viven unas gentes muy buenas y muy pobres; ellos son amigos míos y tienen chiquitos muy bonitos, pero nadie va a verlos nunca.

—¿Y cuando llueve se mojan?

—A veces el agua llega a los ranchos y las mamás tienen que subir a los chiquitos muy alto, mientras ellas se quedan entre el agua.

Se puso seria para decirme:

—¿Sabe una cosa? En Nicaragua también hay ranchitos perdidos en las montañas y nadie va a verlos nunca. Cuando yo sea maestra y gane mucho, compraré un caballo para ir a ver los chiquitos de las montañas y llevarles cosas.

Tres días después supe que se llevaría a Esther en la lancha que estaba atracada al muelle, y que partiría a las nueve de la noche. Fuí a despedirme de ella.

Encontré a su tía acongojada y con los ojos hinchados de llorar. Me contó que su hermana había muerto y que el padre de la niña, desesperado, la reclamaba. El capitán de la lancha era un viejo conocido de la familia y él se la llevaría. Posiblemente, me dijo, se vaya a vivir con su padrino que es un rico hacendado que la quiere mucho.

La niña no sabía nada. Estaba muy compuesta con su vestido nuevo y riéndose me habló:

—¿Ve? ¡Ya no volveremos a cantar juntos ni a contar cuentos como aquéllos! ¿Por qué no va a pasiar[19] a Nicaragua? Es muy bonito.

Le expliqué por qué no podía. Me dijo entonces que ella le iba a hablar siempre de mí a su mamá, para que me quisiera mucho.

---

[19] *pasiar:* colloquial pronunciation of *pasear,* to go on a pleasure trip.

—Cuando sea grande —prometió— vendré a pasiar otra vez onde[20] mi tía.

—Entonces yo seré ya viejo o tal vez ya me haya muerto.

Se asomó a la ventana y me llamó para decirme:

—¿Ve aquella estrellita que está más arriba de las siete cabritas? Ésa es la mía. Yo le voy a decir que le alumbre el camino cuando usté tenga que andar por las montañas oscuras.

Nos fuimos para el muelle; yo llevaba la valija y su preciosa guitarrilla. Cuando se iba a embarcar me llamó aparte para confiarme en voz baja un secreto:

—Yo quería regalarle la guitarra, pero mi tía dijo que tal vez a mi hermano no le iba a gustar.

—¡No seas loca! —exclamé, riéndome de la ocurrencia.

—¡Llevátela![21] Yo no sé tocarla y ella es parte de tu vida. Ojalá que te acompañe siempre y que impida que las penas muerdan en tu ingenuo corazón . . .

*   *   *   *

En el rudo batallar de seis largos años se había quedado perdido el recuerdo de mi pequeña amiga. Muchas veces visité el puerto y nunca se me ocurrió preguntar por ella.

Hace pocos días, vagabundeando casi ya al anochecer por la orilla del mar, llegué hasta el sitio en que la había conocido. Y recordé entonces a la chiquilla de ojos de cielo y de cabellos rubios. ¿Dónde estaría vibrando su voz armoniosa? ¿Quién escucharía ahora los alegres acordes de su linda guitarra de conchas de colores?

Allí estaba la casita de su tía. Parecía muy vieja y muy triste con sus seis años más de edad.

También la tía estaba más vieja y acabada. Le pregunté por Esther y entonces me reconoció. Una nube de tristeza pasó por su arrugada frente.

---

[20] *onde:* Colloquial pronunciation of *donde.*   [21] *¡Llevátela!:* Take it with you! (*Llevá* is the imperative for *vos.*)

—Esther murió hace ya dos años —dijo, y sus ojos se llenaron de agua.

No supe qué decirle. Ella, casi llorando, me dió todos los detalles: se la llevaron para la hacienda del padrino, donde era mimada por toda la gente de la casa. Se empeñó en aprender a montar a caballo y los domingos se perdía por los campos lejanos; le gustaba visitar los ranchos de los peones. De nada valieron los regaños, y un día, al querer atravesar el río, la arrastró la corriente y se perdió en las aguas. Apareció el caballo muerto, pegado en los troncos de un recodo; pero a Esther la buscaron inútilmente. No pudieron encontrar su cuerpo.

Me fuí a la orilla del mar, al mismo sitio desde donde la linda chiquilla lo había contemplado tantas veces y fuí recordando, una por una, todas las cosas ingenuas que hacía seis años me había dicho. Y entonces comprendí por qué no pudieron encontrar su cuerpo. ¡Sólo yo podía adivinarlo! ¡Esther no había muerto entonces ni moriría jamás!

¿No escucharon su voz en los revueltos recodos y en las espumosas torrenteras? Ella era amor y era música armoniosa. Ella se fué cantando hacia el mar, uniendo su voz al murmullo de las campanitas de cristal de las ondas del río; con ellas murmuró en los ojitos de las piedras y en el filo de las lajas; con ellas besó a las humildes flores de la orilla y acarició el hocico tibio de las vacas; jugueteó con los ariscos carraquillos, se apretó contra las desnudas pantorrillas de las madres que lavaban en las piedras de los ríos . . . Cantando les dijo adiós a las nubes que pasaban, a la montaña azul, al pueblito lejano cuya iglesia apenas se divisa, a las sementeras y a los niños que jugaban con la arena; le dijo adiós a todo el paisaje fecundo de su tierra, y cantando llegó hasta el seno amargo y dulce del mar!

¡Y allí ha estado y estará con su armoniosa guitarra de conchas de colores! Y en las noches serenas, en el murmullo quedo de las olas la voz de Esther asciende hasta la estrellita lejana, arrulla las dormidas chozas y juguetea con los lindos caracoles de la playa . . .

Exercises

A. CUESTIONARIO

1. ¿Dónde conoció el narrador a Esther?
2. ¿Cómo supo el narrador que Esther no era del país?
3. ¿Qué cosas le gustaba a Esther hacer en la playa?
4. ¿Cómo sabemos que a Esther le gustaba la música?
5. ¿Por qué se fué del puerto el narrador después de conocer a Esther?
6. ¿Qué clase de cuento le contó el narrador a Esther la tarde de su regreso? *un cuento fantástico,*
7. ¿Por qué tuvo que salir Esther en la lancha?
8. ¿Qué quería Esther regalar a su amigo antes de irse? *la guitarra*
9. Según la tía, ¿a dónde iba Esther a caballo en la hacienda de su padrino? *por los campos lejanos, visitando los ranchos de los peones.*
10. ¿Murió Esther?

B. VERB EXERCISES

Using the expressions in the right-hand column, give the Spanish for the English sentences listed on the left.

1. a) His voice attracted my attention.   *llamar la atención*
   b) Her hats always catch his attention.

2. a) Why are you taking the books away?   *llevarse*
   b) That dog carried off your shoe.

3. a) On hearing the shout, I turned around.   *volverse*
   b) If you turn around, you'll see it.

4. a) When she spoke with the teacher, she would become very serious.   *ponerse serio*
   b) Don't get so serious with me!

5. *a)* I looked out of the door, but I didn't see anything.   *asomarse a*
   b) Look out the window if you don't believe it.

6. *a)* He heard from his family every week.   *recibir noticias*
   b) Have you had any news from Josefina?

7. *a)* It didn't occur to me to ask him.   *ocurrirse*
   b) Doesn't it occur to you that they don't want to go.

8. *a)* Who was this man who asked for me?   *preguntar por*
   b) Tomorrow I'll ask about your friend.

9. *a)* Who taught you to play the piano?   *enseñar a*
   b) In school they teach us to speak correctly.

10. *a)* Did they say goodbye to her parents, too?   *despedirse de*
    b) We took leave of the Torres at noon.

C. DRILL ON NEW EXPRESSIONS

From the expressions on the right, select the one corresponding to the italicized English words on the left.

1. *I hope* que tu guitarra te acompañe siempre.   *donde su hermana*
2. Ese tango *was popular* hace años.   *es que*
3. Pudimos *sight* la iglesia a lo lejos.   *a escondidas*
4. Los López van a *spoil* a todos sus hijos.   *ojalá*
5. Pero hombre ¿cómo has podido *get wet* así?   *estaba en boga*
6. Quisiera vivir solo *in the middle of* un desierto.   *divisar*
7. Escribió cartas a su novio *secretly*.   *inútilmente*
8. *The fact is that* no sé qué contestarles.   *mimar*
9. La mandaron para *her sister's*.   *mojarte*
10. Busqué a la niña *in vain*.   *en medio de*

D. EXERCISE ON DIMINUTIVES

The Spanish language is rich in diminutive endings, a feature which strikingly distinguishes it from English, which is virtually lacking in diminutives. Making "dog" into "doggie" is about all English can do in this respect.

To approach the various shades of meaning and attitude which the diminutive in Spanish reflects, English usually requires two or more words to translate the single Spanish noun with the diminutive ending.

"La dueña de la guitarra de las conchas de colores" is especially notable for its repeated use of this form. Review the nouns given below which have diminutive endings, and see if you can approach, in English, the meanings the words suggested in the original Spanish. Recognizing the very common diminutive in Spanish is an important way of increasing your vocabulary and understanding.

chiquilla (*chiquito*), *cabritas, estrellita, dientecillos, boquilla, conchita, guitarrilla, deditos, casita, ranchillos* (*ranchitos*), *nubecillas, campanitas, ojitos, pueblito.*

Vicente Riva Palacio

EL BUEN EJEMPLO

The Stylistic Grace of Vicente Riva Palacio

VICENTE RIVA PALACIO *(1832-1896) was born in Mexico City, became a lawyer at the age of twenty-two, entered politics, then the army, and became a general in 1865. After the victory over the French at Juárez he retired from his active public career to write. From his literary excursions came numerous historical novels dealing with the colonial era in Mexico in general and with the influence in the New World of the Spanish Inquisition in particular. His short stories are highly regarded today—constituting what many critics feel to be the most valuable portion of his literary contributions. In 1886 he returned to his country's service as Mexican minister to Spain.*

It is generally thought that the author is best represented in the volume of short stories entitled Los cuentos del general, *which was published shortly after his death in 1896. In these stories he is relating, essentially, anecdotes, in a light and ingratiating style which is as pleasing in itself as the amusing tales he recounts. Under the author's pen these anecdotes become stories set off in little worlds of their own. Riva Palacio's art is nowhere more delightfully demonstrated than in "El buen ejemplo."*

El buen ejemplo

S i yo afirmara que he visto lo que voy a referir, no faltaría, sin duda, persona que dijese[1] que eso no era verdad; y tendría razón, porque no lo ví, pero lo creo, porque me lo contó una señora anciana,
5 refiriéndose a personas a quienes daba mucho crédito y que decían haberlo oído[2] de una persona que llevaba amistad con un testigo fidedigno, y sobre tales bases de certidumbre bien puede darse fe[3] a la siguiente narración:

En la parte sur de la República Mexicana, y en las

---

[1] *no . . . dijese:* without a doubt there would be someone who would say.   [2] *decían haberlo oído:* said they had heard it.   [3] *bien puede darse fe:* one can well give credence.

faldas de la Sierra Madre, que van a perderse en las aguas del Pacífico, hay un pueblecito como son en general todos aquéllos: casitas blancas cubiertas de encendidas tejas o de brillantes hojas de palmera, que se refugian de los ardientes rayos del sol tropical a la fresca sombra que les prestan enhiestos cocoteros, copudos tamarindos y crujientes platanares y gigantescos cedros.

El agua en pequeños arroyuelos cruza retozando por todas las callejuelas, y ocultándose a veces entre macizos de flores y de verdura.

En este pueblo había una escuela, y debe haberla todavía;[4] pero entonces la gobernaba don Lucas Forcida, personaje muy bien querido por todos los vecinos. Jamás faltaba a las horas de costumbre al cumplimiento de su pesada obligación. ¡Qué vocaciones de mártires[5] necesitan los maestros de escuela de los pueblos!

En esa escuela, siguiendo tradicionales costumbres y uso general en aquellos tiempos, el estudio para los muchachos era una especie de orfeón, y en diferentes tonos, pero siempre con desesperante monotonía, en coro se estudiaban y en coro se cantaban lo mismo las letras y las sílabas que la doctrina cristiana o la tabla de multiplicar.

Don Lucas soportaba con heroica resignación aquella ópera diaria, y había veces que los chicos, entusiasmados, gritaban a cual más y mejor;[6] y era de ver[7] entonces la estupidez amoldando las facciones de la simpática y honrada cara de don Lucas.

Daban las cinco de la tarde; los chicos salían escapados de la escuela, tirando pedradas, coleando perros y dando gritos y silbidos, pero ya fuera de las aguas jurisdiccionales de don Lucas, que los miraba alejarse, como diría un novelista, trémulo de satisfacción.

[4] *debe haberla todavía:* it must still be there.   [5] *¡Qué vocaciones de mártires:* What a calling for martyrdom.   [6] *a cual más y mejor:* to see who could do it the loudest and the best.   [7] *era de ver:* you should have seen.

Entonces don Lucas se pertenecía a sí mismo: sacaba a
la calle una gran butaca de mimbre; un criadito le traía
una taza de chocolate acompañada de una gran torta de
pan, y don Lucas, disfrutando del fresco de la tarde y
5 recibiendo en su calva frente el vientecillo perfumado que
llegaba de los bosques, como para consolar a los vecinos
de las fatigas del día, comenzaba a despachar su modesta
merienda, partiéndola cariñosamente con su loro.

Porque don Lucas tenía un loro que era, como se dice
10 hoy, su debilidad, y que estaba siempre en una percha a la
puerta de la escuela, a respetable altura para escapar de
los muchachos, y al abrigo del sol por un pequeño cobertizo
de hojas de palma. Aquel loro y don Lucas se entendían
perfectamente. Raras veces mezclaba sus palabras, más o
15 menos bien aprendidas, con los cantos de los chicos, ni
aumentaba la algazara con los gritos estridentes y desento-
nados que había aprendido en el hogar materno.

Pero cuando la escuela quedaba desierta y don Lucas
salía a tomar su chocolate, entonces aquellos dos amigos
20 daban expansión libre a todos sus afectos. El loro recorría
la percha de arriba abajo,[8] diciendo cuanto sabía[9] y cuanto
no sabía; restregaba con satisfacción su pico en ella, y se
colgaba de las patas, cabeza abajo, para recibir la sopa de
pan con chocolate que con paternal cariño le llevaba don
25 Lucas.

Y esto pasaba todas las tardes.

Transcurrieron así varios años, y don Lucas llegó a tener
tal confianza en su querido *Perico*, como lo llamaban los
muchachos, que ni le cortaba las alas ni cuidaba de ponerle
30 calza.

Una mañana, serían como las diez, uno de los chicos,
que casualmente[10] estaba fuera de la escuela, gritó espan-

---

[8] *recorría . . . abajo:* went up and down his perch.   [9] *cuanto sabía:* all that
he knew.   [10] *casualmente:* by chance.

tado: «Señor maestro, que[11] se vuela Perico». Oír esto y lanzarse en precipitado tumulto a la puerta maestro y discípulos, fué todo uno[12]; y, en efecto, a lo lejos, como un grano de esmalte verde herido por los rayos del Sol, se veía al ingrato esforzando su vuelo para ganar cuanto antes refugio en el cercano bosque.

Como toda persecución era imposible, porque ni aun teniendo la filiación del prófugo podría habérsele distinguido[13] entre la multitud de loros que pueblan aquellos bosques, don Lucas, lanzando de lo hondo de su pecho un «sea por Dios»,[14] volvió a ocupar su asiento, y las tareas escolares continuaron, como si no acabara de pasar aquel terrible acontecimiento.

Transcurrieron varios meses, y don Lucas, que había echado al olvido[15] la ingratitud de Perico, tuvo necesidad de emprender un viaje a uno de los pueblos circunvecinos, aprovechando unas vacaciones.

Muy de madrugada[16] ensilló su caballo, tomó un ligero desayuno y salió del pueblo, despidiéndose muy cortésmente de los pocos vecinos que por las calles encontraba.

En aquel país, pueblos cercanos son aquéllos que sólo están separados por una distancia de doce o catorce leguas, y don Lucas necesitaba caminar la mayor parte del día.

Eran las dos de la tarde; el sol derramaba torrentes de fuego; ni el viento más ligero agitaba los penachos de las palmas que se dibujaban sobre un cielo azul con la inmovilidad de un árbol de hierro. Los pájaros enmudecían ocultos entre el follaje, y sólo las cigarras cantaban tenazmente en medio de aquel terrible silencio a la mitad del día.

El caballo de don Lucas avanzaba haciendo sonar el

---

[11] *que:* should not be translated. [12] *Oír . . . uno:* No sooner had they heard this when the teacher and pupils charged forward to the door in a wild rush. [13] *podría habérsele distinguido:* could one have picked him out. [14] *«sea por Dios»:* It's God's will. [15] *había echado al olvido:* had forgotten. [16] *Muy de madrugada:* At daybreak.

acompasado golpeo de sus pisadas con la monotonía del
volante de un reloj.

Repentinamente don Lucas creyó oír a lo lejos el canto
de los niños de la escuela cuando estudiaban las letras y las
5 sílabas.

Al principio aquello le pareció una alucinación producida
por el calor, como esas músicas y esas campanadas que en
el primer instante creen oír los que sufren un vértigo; pero,
a medida que avanzaba, aquellos cantos iban siendo más
10 claros y más perceptibles; aquello era una escuela en medio
del bosque desierto.

Se detuvo asombrado y temeroso, cuando de los árboles
cercanos se desprendió, tomando vuelo, una bandada de
loros que iban cantando acompasadamente *ba, be, bi, bo,*
15 *bu; la, le, li, lo, lu;* y tras ellos, volando majestuosamente
un loro que, al pasar cerca del espantado maestro, volvió
la cabeza, diciéndole alegremente:

« Don Lucas, ya tengo escuela. »

Desde esa época los loros de aquella comarca, adelan-
20 tándose a su siglo,[17] han visto disipárse las sombras del
obscurantismo y la ignorancia.

Exercises

A. CUESTIONARIO

1. ¿Quién le refirió al autor la historia que él cuenta?
2. ¿Dónde enseñaba el maestro don Lucas Forcida?
3. ¿Cómo estudiaban los alumnos de la escuela de don Lucas?
4. ¿Cómo se divertía don Lucas después de la clase todos los
   días?
5. ¿Con quién partía don Lucas su modesta merienda?
6. ¿Por qué no le cortó don Lucas las alas a su compañero?

[17] *adelantándose a su siglo:* getting ahead of their own century.

7. ¿Qué llegó gritando una mañana uno de los chicos?
8. ¿A dónde tuvo que ir don Lucas varios meses después?
9. A medida que avanzaba por el camino, ¿qué oyó don Lucas a lo lejos?
10. ¿De qué se componía esa escuela silvestre?

B. VERB EXERCISES

Using the verbs in the right-hand column, give the Spanish for the English sentences listed on the left.

1. a) Do you know what I'm referring to? *referirse a*
   b) I think he was referring to something else.
2. a) She has stood his tyranny for ten years. *soportar*
   b) He couldn't endure it any longer.
3. a) I'm sure you'll benefit from his advice. *disfrutar de*
   b) I enjoyed that course very much.
4. a) They took refuge in the woods. *refugiarse*
   b) We can take shelter in that old house.
5. a) They've always understood one an- *entenderse*
   other.
   b) José and I understand each other perfectly.
6. a) Who's going to take care of your dog? *cuidar de*
   b) I'll take care of the children if you want to go out.
7. a) Many hours elapsed before they *transcurrir* returned.
   b) Years and years passed and the people forgot him.
8. a) The old man stopped at the corner. *detenerse*
   b) Will the girls stop here?
9. a) I shall need your money and your *necesitar* help.
   b) What more does he need?

10. *a)* They concealed themselves behind   *ocultarse*
some trees.   *Se ocultaron detrás de unos árboles.*

b) The sun was hiding behind a cloud.
El sol se ocultaba detrás de una nube.
(ocultó)

C. DRILL ON NEW EXPRESSIONS

From the expressions on the right, select the one corresponding
to the italicized English words on the left.   *en aquellos tiempos*

1. *In those days,* la vida no era tan compleja.   *a lo lejos*
2. *It must have been around five o'clock* cuando   *cuanto antes*
se marcharon.   *serían como las cinco*
3. Creo que es *a kind of* pez.   *una especie de*   *a medida que*
4. Los vimos acercarse *in the distance.* *a lo lejos*   *en aquellos tiempos*
5. Mientras se dirigía a la casa, *it struck five*   *una especie de*
o'clock.   *dieron las cinco*
6. El pobre autor tuvo que *write again* su *volver a escribir*   *dieron las cinco*
obra perdida.
7. Nos miraron *from head to foot.* *de arriba abajo*   *como para*
8. *While* oscurecía, los pájaros volvían a sus   *volver a* (plus an
nidos. *a medida que*   infinitive)
9. Levantó la piedra *as if to* golpearme.   *serían como las*
como para   *cinco*
10. Quieren que vengamos *as soon as possible.* *de arriba abajo*
cuanto antes

Roberto Arlt

LA LUNA ROJA

Roberto Arlt
and the End of the World

ROBERTO ARLT *(1900-1942) was an Argentine writer who became known through his principal works—Los siete locos (1929) and Los lanzallamas (1931)—as a man embittered with society and, especially, with its supreme manifestation, the metropolis. He has been called "the novelist of frustrated middle class hopes of the 1930's in Buenos Aires." There is a cynicism in his work that is deep and fundamental to his vision of the world. Elevating his prose from the realm of the morbid, however, was the author's lyric imagination, which lent relief to his fiction by making his characters and scenes something more, or less, than real.*

These characteristics of Arlt can be perceived in the fatalistic story which is presented here—"La luna roja." There is a sense of inevitableness which pervades this story of the end of our world. It shuts out all hope and rejects in its inexorable movement to the climax the "second chance" that mankind might want to plead for. The scene is, fittingly enough, the city; the tone—one of curious poetic terror.

La luna roja

Nada lo anunciaba por la tarde.
Las actividades comerciales se desenvolvieron
normalmente en la ciudad. Olas humanas hormi-
gueaban en los pórticos de los vastos estableci-
5 mientos comerciales, o se detenían frente a los escaparates
que ocupaban todo el largo de las calles oscuras, salpicados
de olores a telas nuevas, flores y otros artículos.

Los cajeros, detrás de sus casillas encristaladas, y los jefes
de personal rígidos en los salones de venta, vigilaban con
10 ojo astuto la conducta de sus inferiores.

Se firmaron contratos y se cancelaron préstamos.

En distintas partes de la ciudad, a horas diferentes,

numerosas parejas de jóvenes y muchachas se juraron amor
eterno, olvidando que sus cuerpos eran mortales; algunos
vehículos inutilizaron a descuidados paseantes, y el cielo,
más allá de las altas cruces metálicas pintadas de verde, que
soportaban los cables de alta tensión, se teñía de un gris 5
ceniciento, como siempre ocurre cuando el aire está cargado
de vapores húmedos.

Nada lo anunciaba.

Por la noche fueron iluminados los rascacielos.

La majestuosidad de sus fachadas fosforescentes, recor- 10
tadas a tres dimensiones sobre el fondo de oscuridad, inti-
midó a los hombres sencillos. Muchos se formaban una idea
exagerada respecto a los posibles tesoros protegidos por
muros de acero y cemento. Fuertes vigilantes de acuerdo a[1]
la orden recibida, al pasar frente a estos edificios, observaban 15
cuidadosamente las puertas y las ventanas para ver si no
había allí abandonada una máquina infernal. En otras
partes se veían las siluetas sombrías de la policía montada,
teniendo del cabestro a sus caballos y armados de carabinas
enfundadas y pistolas para disparar gases lacrimógenos. 20

Los hombres tímidos pensaban: « ¡Qué bien estamos
defendidos! », y miraban con agradecimiento las enfundadas
armas mortíferas; en cambio, los turistas que paseaban
hacían detener a sus chóferes, y con la punta de sus bastones
señalaban a sus acompañantes los luminosos nombres de 25
remotas compañías. Estos brillaban en interminables fachadas y, algunos se alegraban y enorgullecían al pensar en el
poderío de la patria lejana, cuya expansión económica
estaba representada por tales compañías, cuyo nombre era
necesario deletrear cerca de las nubes. Tan altos estaban. 30

Desde las terrazas elevadas, en las cuales parecía que se
podían tocar las estrellas con la mano, el viento llevaba
sonidos de música, « blues » oblicuamente cortados por la

---

[1] *de acuerdo a:* in accordance with.

dirección de la brisa. Lámparas de porcelana iluminaban jardines aéreos. Confundidos entre el follaje de costosas vegetaciones, controlados por la respetuosa y vigilante mirada de los camareros, bailaban los desocupados elegantes
5 de la ciudad, hombres y mujeres jóvenes, elásticos por la práctica de los deportes e indiferentes por el conocimiento de los placeres. Algunos parecían carniceros disfrazados con « smoking », sonreían insolentemente, y todos, cuando hablaban de las clases inferiores, parecían burlarse de algo
10 que con un golpe de sus puños podían destruir.

Los ancianos, cómodamente sentados en sillones de paja japonesa, miraban el azulado humo de sus cigarros o hacían con sus labios un gesto astuto, mientras sus miradas duras y autoritarias reflejaban una implacable seguridad y
15 solidaridad. Aun entre el rumor de la fiesta no se podía menos de² imaginarlos presidiendo la mesa redonda de un directorio, autorizando un préstamo abusivo a un país de salvajes y mulatos, bajo cuyos árboles corren linfas de petróleo.

20 Desde alturas más bajas, en calles más turbias y profundas que ríos, circulaban los techos de automóviles y tranvías, y en los lugares excesivamente iluminados, una microscópica multitud buscaba el placer barato, entrando y saliendo por las puertas de los « dancings » económicos, que como la
25 boca de altos hornos vomitaban atmósferas incandescentes.

Fué entonces cuando ocurrió el suceso extraño.

Cuando el primer violín de la orquesta Jardín Aéreo Imperius iba a colocar en su atril la partitura del « Danubio Azul, » un camarero le dió una carta. El músico, rápidamente
30 la abrió y leyó las breves palabras; entonces mirando por sobre los lentes a sus camaradas, depositó el instrumento sobre el piano, le dió la carta al clarinetista, y como si tuviera mucha prisa descendió por la escalerilla que permitía subir³

---

² *no se podía menos de:* one could not help but.   ³ *permitía subir:* led.

a la orquesta, buscó con la mirada la salida del jardín y desapareció por la escalera de servicio, después de tratar de poner inútilmente en marcha el ascensor.

Las manos de varias bailarinas y sus acompañantes se paralizaron en los vasos que llevaban a los labios para 5 beber, al observar la rara e irrespetuosa conducta de este hombre. Mas, antes de que las gentes se sobrepusieran de su sorpresa, el ejemplo fué seguido por sus compañeros, pues se les vió uno a uno abandonar la orquesta, sumamente serios y ligeramente pálidos. 10

Es necesario observar que a pesar de la prisa con que ejecutaban estos actos, las personas revelaron cierta meticulosidad. El que más se notó fué el violoncelista, que encerró su instrumento en la caja. Producía la impresión de querer significar que declinaban una responsabilidad y se «lavaban 15 las manos». Tal dijo después un testigo.

Y si hubieran sido ellos solos.

Los siguieron los camareros. El público, mudo de asombro, sin atreverse a pronunciar palabra (los camareros de estos lugares eran muy robustos) les vió quitarse las chaquetas 20 de servicio y arrojarlas despectivamente sobre las mesas. El capataz de servicio dudaba, pero al observar que el cajero, sin cuidarse de cerrar la caja, abandonaba su alto asiento, sumamente inquieto se agregó a los fugitivos.

Algunos quisieron utilizar el ascensor. No funcionaba. 25

De repente se apagaron las luces. En la obscuridad, junto a las mesas de mármol, los hombres y mujeres que hasta hacía unos instantes se debatían entre las sutilezas de sus pensamientos y el deleite de sus sentidos, comprendieron que no debían esperar. Ocurría algo que sobrepasaba la 30 capacidad expresiva de las palabras, y entonces con cierto orden temeroso, tratando de reducir la confusión de la fuga, comenzaron a descender silenciosamente por las escaleras de mármol.

El edificio de cemento se llenó de zumbidos. No de voces 35

humanas, porque nadie se atrevía a hablar, sino de roces, ruidos, suspiros. De vez en cuando, alguien encendía un fósforo, y por las espirales de las escaleras, en distintas alturas del muro, se movían las siluetas de espaldas encor-
5 vadas y enormes cabezas caídas, mientras que en los ángulos de pared las sombras se descomponían en visibles triángulos irregulares.

No hubo ningún accidente.

A veces, un anciano fatigado o una bailarina espantada
10 se dejaba caer en el borde de un escalón y permanecía allí sentada, con la cabeza abandonada entre las manos, sin que nadie la pisoteara. La multitud, como si adivinara su presencia encogida en el escalón, formaba una curva junto a la sombra inmóvil.

15 El vigilante del edificio, durante dos segundos, encendió su linterna eléctrica, y la rueda de luz blanca permitió ver que hombres y mujeres, tomados indistintamente de los brazos,[4] descendían cuidadosamente. El que iba junto al muro llevaba la mano apoyada en el pasamanos.
20 Al llegar a la calle, los primeros fugitivos respiraron afanosamente largas bocanadas de aire fresco. No era visible una sola lámpara encendida en ninguna dirección.

Alguien raspó un fósforo en una cortina metálica, y entonces descubrieron en las puertas de ciertas casas antiguas, criaturas
25 sentadas pensativamente. Éstas, con una seriedad impropia de su edad, levantaban los ojos hacia los mayores que los iluminaban, pero no preguntaron nada.

De las puertas de los otros rascacielos también salía una multitud silenciosa.
30 Una señora vieja quiso atravesar la calle, y tropezó con un automóvil abandonado; más allá, algunos borrachos, aterrorizados, se refugiaron en un coche de tranvía cuyos conductores habían huído, y entonces muchos, transitoria-

---

[4] *tomados . . . brazos:* having taken someone else's arm without bothering to see who it was.

mente sin fuerzas, se dejaron caer en los cordones de granito
que limitaban la calle.

Las criaturas inmóviles, con los pies recogidos junto a los
umbrales, escuchaban en silencio las rápidas pisadas de las
sombras que pasaban en confusión.   5

En pocos minutos los habitantes de la ciudad estuvieron
en la calle.

De un punto a otro en la distancia, las luces fosforescentes
de linternas eléctricas se movían con irregularidad de luciér-
nagas. Un hombre resuelto trató de iluminar la calle con   10
una lámpara de petróleo, y tras de la pantalla de vidrio
rosado se apagó tres veces la llama. Sin zumbidos, soplaba
un viento frío y cargado de tensiones eléctricas.

La multitud crecía mientras que pasaba el tiempo. Las
sombras de baja estatura, numerosísimas, avanzaban en el   15
interior de otras sombras menos densas y altísimas de la
noche, con cierto automatismo que hacía comprender que
muchos acababan de dejar las camas y conservaban aún la
incoherencia motora de los semidormidos.

Otros, en cambio, se inquietaban por la suerte de   20
su existencia, y calladamente marchaban al encuentro
del destino, levantado, en su imaginación, como un
terrible centinela, tras de aquella cortina de humo y de
silencio.

De fachada a fachada, todas las calles, de este a oeste, se   25
llenaban de multitud. Esta, en la oscuridad, ponía una capa
más densa y oscura que avanzaba lentamente, semejante a
un monstruo cuyas partes están ligadas por el jadeo de su
propia respiración.

De pronto un hombre sintió que le tiraban de una manga   30
insistentemente. Balbuceó preguntas al que así le tenía, mas
como no le contestaban, encendió un fósforo y descubrió el
grotesco y velludo rostro de un mono grande que con ojos
aterrorizados parecía interrogarlo acerca de lo que pasaba.
El desconocido, de un empujón, apartó la bestia de sí, y   35

muchos que estaban próximos a él se fijaron en que los animales estaban en libertad.

Otro identificó varios tigres confundidos en la multitud por las rayas amarillas que a veces lucían entre las piernas de los fugitivos, pero las bestias estaban tan extraordinariamente inquietas que, al querer poner el vientre contra el suelo, para mostrar sumisión, impedían la marcha, y fué necesario expulsarlas a puntapiés. Las fieras echaron a correr, y como si hubiera pasado una orden, ocuparon la vanguardia de la multitud.

Pasaban adelante con la cola entre las zarpas y las orejas pegadas a la piel del cráneo. En su elástico avance volvían la cabeza sobre el cuello, y se distinguían sus enormes ojos fosforescentes, como bolas de cristal amarillo. A pesar de que los tigres caminaban lentamente, los perros, para mantenerse a la par de ellos, tenían que mover rápidamente las patas.

De repente, sobre la forma gigantesca de un rascacielos, apareció la luna roja. Parecía un ojo de sangre separándose de la línea recta, y su magnitud aumentaba rápidamente. La ciudad, también enrojecida, creció despacio desde el fondo de las tinieblas, hasta fijar sus terrazas en la misma altura que ocupaba la curva descendente del cielo.

Los planos perpendiculares de las fachadas formaban una red de rayas rojas en el cielo negro. En las murallas la atmósfera enrojecida se acumulaba como una neblina de sangre. Parecía que debía verse aparecer sobre la terraza más alta un terrible dios de hierro con un vientre en llamas y las mejillas revelando gula carnicera.

No se percibía ningún sonido, como si por efectos de la luz roja, la gente se hubiera puesto sorda.

Las sombras caían inmensas, pesadas, cortadas en forma de guillotinas monstruosas, sobre los seres humanos en marcha, tan numerosos que hombro con hombro y pecho con pecho llenaban las calles de principio a fin.

Los edificios proyectaban a distinta altura rayas negras paralelas a la profundidad de la atmósfera bermeja. Las altas ventanas brillaban como láminas de hielo detrás de las cuales había un incendio.

A la claridad terrible y silenciosa era difícil distinguir 5 los rostros femeninos de los masculinos. Todos aparecían igualados y ensombrecidos por la angustia del esfuerzo que hacían con labios apretados y los ojos entrecerrados. Muchos se humedecían los labios con la lengua, pues la sed les causaba fiebre. El sudor corría en gotas gruesas por todas 10 las frentes.

De la luna, fijada en un cielo más negro que la brea, venía una sangrienta y pastosa emanación de matadero.

La multitud en realidad no caminaba, sino que avanzaba por olas, arrastrando los pies, apoyándose los unos en los 15 otros, muchos hipnotizados por la luz roja que, resplande-ciendo de hombro en hombro, hacía más profundos y sorprendentes los oscuros ojos y míseras caras.

En las calles laterales los niños permanecían quietos en sus umbrales. 20

Del tumulto de las bestias, aumentado por los caballos, se había apartado el elefante, que con trote suave corría hacia la playa, acompañado por dos potros. Estos, con las crines al viento y las cabezas vueltas hacia las grandes orejas del elefante, parecían cuchichearle un secreto. 25

En cambio los hipopótamos a la cabeza de la vanguardia, respiraban fatigosamente en el aire. Un tigre, restregando el flanco contra los muros, avanzaba de mala gana.[5]

El silencio de la multitud llegó a hacerse insoportable. Un hombre trepó a un balcón y poniéndose las manos ante 30 la boca a modo de altoparlante, gritó frenético:

—Amigos, ¿qué pasa, amigos? Yo no sé hablar, es cierto, no sé hablar, pero pongámonos de acuerdo.[6]

---

[5] *de mala gana:* unwillingly.   [6] *pongámonos de acuerdo:* let's get together on this.

Pasaban sin mirarle, y entonces el hombre, secándose el sudor de la frente con el dorso del brazo, se confundió en la muchedumbre.

Un instante después se oyó un lejano resonar de trueno.
5 Inconscientemente todos se llevaron un dedo a los labios, una mano a la oreja. No podían ya quedar dudas.

En una distancia llena de fuego y tinieblas, más movediza que un océano de petróleo encendido, giró lentamente sobre su eje la metálica estructura de una grúa.
10 Oblicuamente un inmenso cañón negro colocó su cónico perfil entre cielo y tierra, escupió fuego retrocediendo sobre su base, y un silbido largo cruzó la atmósfera con un cilindro de acero.

Bajo la luna roja, bloqueada de rascacielos rojos, la
15 multitud estalló en un grito de terror:

—¡No queremos la guerra! ¡No . . ., no . . ., no! . . .

Comprendían esta vez que el incendio había estallado sobre todo el planeta, y que nadie se salvaría.

Exercises

A. CUESTIONARIO

1. ¿Qué señalaba que ocurriría algo extraordinario aquel día?
2. ¿Qué olvidaron los jóvenes que se juraron amor eterno?
3. ¿Qué cosas indicaron relaciones peligrosas entre este país y otro?
4. ¿Qué actitud tenía la gente frente al peligro?
5. ¿Había paz entre las gentes del país?
6. ¿A qué ciudad norteamericana se parece la de este cuento?
7. ¿Quién fué el primero en recibir las noticias misteriosas?
8. ¿Qué les dijo a los otros este hombre?
9. ¿Qué hacían los otros de la orquesta?
10. ¿Qué hizo el público al ver esto?

11. ¿Había luces en el edificio? ¿en las calles?
12. ¿Dónde se encontraron por fin todos los habitantes de la ciudad?
13. ¿Qué había en las calles, además de la gente?
14. ¿Qué apareció de repente sobre la forma de un rascacielo?
15. ¿Qué sonidos se percibían en la calle?
16. ¿Ahora cómo avanzaba la gente?
17. ¿Qué tenía hipnotizada a la gente?
18. ¿Dónde estaban los niños?
19. ¿Dónde se presentó el inmenso cañón negro?
20. Cuando el cañón escupió fuego y se oyó un horrible silbido, ¿de qué se dió cuenta la gente?

B. VERB EXERCISES

Using the expressions in the right-hand column, give the Spanish for the English sentences listed on the left.

1. a) She wet her lips before speaking.   *humedecer*
   b) If you wet your finger, it will be easier to count them.

2. a) Why are you in such a hurry?   *tener prisa*
   b) Since I was in a hurry, I didn't see her.

3. a) Who has dared to speak against the general?   *atreverse a*
   b) You wouldn't dare to tell her.

4. a) We'll have to come to an agreement soon.   *ponerse de acuerdo*
   b) Those women will never come to an agreement.

5. a) They never manage to understand these things.   *llegar a*
   b) Finally, he managed to finish the work.

6. a) We couldn't help but laugh at him.   *no poder menos de*
   b) I can do nothing but admit it to him.

7. a) He took off his hat and sat down.   *quitarse*
   b) Why don't you take off your shoes?

8. *a)* This pen doesn't work very well.   *funcionar*
   b) Why wasn't your car running well?

9. *a)* He leaned against the wall.   *apoyarse en*
   b) Listen, Pablo, why don't you lean on
   my arm?

10. *a)* They'll begin to work at 8:30.   *comenzar a*
    b) The teacher began to tell them about
    his trip.

C. DRILL ON NEW EXPRESSIONS

From the expressions on the right, select the one corresponding
to the italicized English words on the left.

1. *On the other hand*, es posible que perdamos   *detrás de*
   todo.
2. Es algo *similar to* la otra casa que vimos.   *de acuerdo a*
3. Comenzaron a salir, *one by one*.   *en cambio*
4. Nuestra casa se halla *in front of* la farmacia.   *más allá de*
5. No tengo nada que decirles *with regard to*   *de mala gana*
   lo de anoche.
6. Le echó la carta a ella *over* la pared.   *frente a*
7. El pueblito está *beyond* esas montañas.   *acerca de*
8. Tu bicicleta estará *behind* el garaje.   *semejante a*
9. No quieren hacerlo a menos que sea   *uno a uno*
   according to la ley.
10. Martín nos acompañó, pero *unwillingly*.   *por sobre*

Juan José Arreola

EL GUARDAGUJAS

The Satire of Juan José Arreola

JUAN JOSÉ ARREOLA *(1918-   ) is a Mexican who has produced two volumes of excellent short stories which have established him as one of his country's most accomplished writers.* Varia invención *(1949) and* Confabulario *(1952) are made up of elaborately wrought tales in which graceful, though sometimes biting humor, gentle satire, and a carefully sustained play of intellectual ideas predominate.*

In a story of the style of "El guardagujas," Arreola is at his best. It is a fantasy—a classification into which many of his stories fall. It opens in rather ordinary circumstances, with a quite unremarkable situation. (There is a clue, however—a very slight clue—in the beginning paragraphs which, if you catch it, may prepare you for the story's ending.) "El guardagujas" is a perfect example of how fantasy, through controlled exaggeration, may lead from humorous enjoyment through amusing satire to a state of nightmarish terror—which, as we all realize, may spring suddenly from the most prosaic of everyday situations. It is a story that, in the reading—and rereading—will strike the reader as having several levels of meaning.

El guardagujas

El forastero llegó sin aliento a la estación desierta. Su gran valija, que nadie quiso conducir, le había fatigado en extremo. Se enjugó el rostro con un pañuelo, y con la mano en visera[1] miró los rieles que se perdían en el horizonte. Desalentado y pensativo consultó su reloj: la hora justa en que el tren debía partir.

Alguien, salido de[2] quién sabe dónde, le dió una palmada muy suave. Al volverse, el forastero se halló ante un viejecillo de vago aspecto ferrocarrilero. Llevaba en la mano una linterna roja, pero tan pequeña, que parecía de juguete. Miró sonriendo al viajero, y éste le dijo ansioso su pregunta:

[1] *en visera:* shading his eyes. [2] *salido de:* who had just appeared from.

—Usted perdone, ¿ha salido ya el tren?

—¿Lleva usted poco tiempo en este país?[3]

—Necesito salir inmediatamente. Debo hallarme en T.[4] mañana mismo.[5]

—Se ve que usted ignora por completo lo que ocurre. Lo 5 que debe hacer ahora mismo es buscar alojamiento en la fonda para viajeros, —y señaló un extraño edificio ceniciento que más bien parecía[6] un presidio.

—Pero yo no quiero alojarme, sino salir en el tren.

—Alquile usted un cuarto inmediatamente, si es que lo 10 hay.[7] En caso de que pueda conseguirlo, contrátelo por mes, le resultará más barato[8] y recibirá mejor atención.

—¿Está usted loco? Yo debo llegar a T. mañana mismo.

—Francamente, debería abandonarlo a su suerte.[9] Sin embargo, le daré unos informes. 15

—Por favor . . .

—Este país es famoso por sus ferrocarriles, como usted sabe. Hasta ahora no ha sido posible organizarlos debida-mente, pero se han hecho ya grandes cosas en lo que se refiere a la publicación de itinerarios y a la expedición de 20 boletos. Las guías ferroviarias comprenden y enlazan todas las poblaciones de la nación; se expenden boletos hasta para las aldeas más pequeñas y remotas. Falta solamente que los convoyes cumplan[10] las indicaciones contenidas en las guías y que pasen efectivamente por las estaciones. Los 25 habitantes del país así lo esperan; mientras tanto, aceptan las irregularidades del servicio y su patriotismo les impide cualquier manifestación de desagrado.[11]

—Pero ¿hay un tren que pase por esta ciudad?

—Afirmarlo equivaldría a cometer una inexactitud. Como 30

---

[3] ¿Lleva . . . país? Haven't you been in this country very long? [4] T.: the traveler's destination. [5] mañana mismo: tomorrow at the latest. [6] más bien parecía: looked more like. [7] si es que lo hay: if there is one. [8] le resultará más barato: it will be cheaper for you. [9] debería abandonarlo a su suerte: I should leave you to your fate. [10] Falta . . . cumplan: The only thing left is for the trains to follow. [11] les . . . desagrado: prevents any show of displeasure on their part.

usted puede darse cuenta, los rieles existen, aunque un tanto averiados. En algunas poblaciones están sencillamente indicados en el suelo, mediante dos rayas de gis. Dadas las condiciones actuales,[12] ningún tren tiene la obligación de
5 pasar por aquí, pero nada impide que eso pueda suceder. Yo he visto pasar muchos trenes en mi vida y conocí algunos viajeros que pudieron abordarlos. Si usted espera convenientemente,[13] tal vez yo mismo tenga el honor de ayudarle a subir a un hermoso y confortable vagón.

10 —¿Me llevará ese tren a T.?

—¿Y por qué se empeña usted en que ha de ser precisamente a T.? Debería darse por satisfecho[14] si pudiera abordarlo. Una vez en el tren, su vida tomará efectivamente algún rumbo. ¿Qué importa si ese rumbo no es el de T.?

15 —Es que yo tengo un boleto en regla[15] para ir a T. Lógicamente, debo ser conducido a ese lugar, ¿no es así?

—Cualquiera diría que usted tiene razón. En la fonda para viajeros podrá usted hablar con personas que han tomado sus precauciones, adquiriendo grandes cantidades
20 de boletos. Por regla general, las gentes previsoras compran pasajes para todos los puntos del país. Hay quien[16] ha gastado en boletos una verdadera fortuna . . .

—Yo creí que para ir a T. me bastaba un boleto. Mírelo usted . . .

25 —El próximo tramo de los ferrocarriles nacionales va a ser construído con el dinero de una sola persona que acaba de gastar su inmenso capital en pasajes de ida y vuelta[17] para un trayecto ferroviario cuyos planos, que incluyen extensos túneles y puentes, ni siquiera han sido aprobados
30 por los ingenieros de la empresa.

—Pero el tren que pasa por T. ¿ya se encuentra en servicio?

---

[12] *Dadas las condiciones actuales:* In view of present-day conditions. [13] *convenientemente:* as you're supposed to. [14] *darse por satisfecho:* be satisfied. [15] *en regla:* in proper form. [16] *Hay quien:* There are people who. [17] *de ida y vuelta:* round-trip.

—Y no sólo ése. En realidad, hay muchísimos trenes en la nación, y los viajeros pueden utilizarlos con relativa frecuencia, pero tomando en cuenta que no se trata de[18] un servicio formal y definitivo. En otras palabras, al subir a un tren, nadie espera ser conducido al sitio que desea.

—¿Cómo es eso?

—En su afán de servir a los ciudadanos, la empresa se ve en el caso de tomar medidas desesperadas. Hace circular trenes por lugares intransitables. Esos convoyes expedicionarios emplean a veces varios años en su trayecto, y la vida de los viajeros sufre algunas transformaciones importantes. Los fallecimientos no son raros en tales casos, pero la empresa, que todo lo ha previsto, añade a esos trenes un vagón capilla ardiente y un vagón cementerio. Es razón de orgullo para los conductores depositar el cadáver de un viajero —lujosamente embalsamado— en los andenes de la estación que prescribe su boleto. En ocasiones, estos trenes forzados recorren trayectos en que falta uno de los rieles. Todo un lado de los vagones se estremece lamentablemente con los golpes que dan las ruedas sobre los durmientes. Los viajeros de primera —es otra de las previsiones de la empresa — se colocan del lado en que hay riel. Los de segunda padecen los golpes con resignación. Pero hay otros tramos en que faltan ambos rieles; allí los viajeros sufren por igual, hasta que el tren queda totalmente destruído.

—¡Santo Dios!

—Mire usted: la aldea de F. surgió a causa de uno de esos accidentes. El tren fué á dar en un terreno impracticable.[19] Lijadas por la arena, las ruedas se gastaron hasta los ejes. Los viajeros pasaron tanto tiempo juntos, que de las obligadas conversaciones triviales surgieron amistades estrechas. Algunas de esas amistades se transformaron

---

[18] no se trata de: it is not a question of. [19] fué . . . impracticable: found itself in rough, impassable terrain.

pronto en idilios, y el resultado ha sido F., una aldea progresista llena de niños traviesos que juegan con los vestigios enmohecidos del tren.

—¡Dios mío, yo no estoy hecho para tales aventuras!

5 —Necesita usted ir templando su ánimo;[20] tal vez llegue usted a convertirse en un héroe. No crea que faltan ocasiones para que los viajeros demuestren su valor y sus capacidades de sacrificio. En una ocasión, doscientos pasajeros anónimos escribieron una de las páginas más gloriosas en nuestros

10 anales ferroviarios. Sucede que en un viaje de prueba, el maquinista advirtió a tiempo una grave omisión de los constructores de la línea. En la ruta faltaba un puente que debía salvar un abismo. Pues bien, el maquinista, en vez de poner marcha hacia atrás, arengó a los pasajeros y

15 obtuvo de ellos el esfuerzo necesario para seguir adelante. Bajo su enérgica dirección, el tren fué desarmado pieza por pieza y conducido en hombros al otro lado del abismo, que todavía reservaba la sorpresa de contener en su fondo un río caudaloso. El resultado de la hazaña fué tan satisfactorio

20 que la empresa renunció definitivamente a la construcción del puente, conformándose con hacer un atractivo descuento en las tarifas de los pasajeros que se atrevan a afrontar esa molestia suplementaria.

—¡Pero yo debo llegar a T. mañana mismo!

25 —¡Muy bien! Me gusta que no abandone usted su proyecto. Se ve que es usted un hombre de convicciones. Alójese por de pronto[21] en la fonda y tome el primer tren que pase. Trate de hacerlo cuando menos;[22] mil personas estarán para[23] impedírselo. Al llegar un convoy, los viajeros,

30 exasperados por una espera demasiado larga, salen de la fonda en tumulto para invadir ruidosamente la estación. Frecuentemente provocan accidentes con su increíble falta

---

[20] *Necesita . . . ánimo:* You need to start plucking up your courage.   [21] *por de pronto:* in the meantime.   [22] *cuando menos:* at least.   [23] *estarán para:* will be ready to.

de cortesía y de prudencia. En vez de subir ordenadamente se dedican a aplastarse unos a otros; por lo menos, se impiden mutuamente el abordaje, y el tren se va dejándolos amotinados en los andenes de la estación. Los viajeros, agotados y furiosos, maldicen su falta de educación, y pasan mucho tiempo insultándose y dándose de golpes.

—¿Y la policía no interviene?

—Se ha intentado organizar un cuerpo de policía en cada estación, pero la imprevisible llegada de los trenes hacía tal servicio inútil y sumamente costoso. Además, los miembros de ese cuerpo demostraron muy pronto su venalidad, dedicándose a proteger la salida exclusiva de pasajeros adinerados que les daban a cambio de ese servicio todo lo que llevaban encima. Se resolvió entonces el establecimiento de un tipo especial de escuelas, donde los futuros viajeros reciben lecciones de urbanidad y un entrenamiento adecuado, que los capacita para que puedan pasar su vida en los trenes. Allí se les enseña[24] la manera correcta de abordar un convoy, aunque esté en movimiento y a gran velocidad. También se les proporciona una especie de armadura para evitar que los demás pasajeros les rompan las costillas.

—Pero una vez en el tren, ¿está uno a cubierto[25] de nuevas dificultades?

—Relativamente. Sólo le recomiendo que se fije muy bien en las estaciones. Podría darse el caso de que usted creyera haber llegado[26] a T., y sólo fuese una ilusión. Para regular la vida a bordo de los vagones demasiados repletos, la empresa se ve obligada a echar mano de[27] ciertos expedientes. Hay estaciones que son pura apariencia: han sido construídas en plena selva[28] y llevan el nombre de alguna ciudad importante. Pero basta poner un poco de atención para descubrir el engaño. Son como las decoraciones del

[24] *se les enseña:* they are taught. [25] *a cubierto:* protected. [26] *Podría . . . llegado:* It might happen that you would believe you had arrived. [27] *echar mano de:* make use of. [28] *en plena selva:* right in the middle of the jungle.

teatro, y las personas que figuran en ellas están rellenas de aserrín. Esos muñecos revelan fácilmente los estragos de la intemperie, pero son a veces una perfecta imagen de la realidad: llevan en el rostro las señales de un cansancio infinito.

—Por fortuna, T. no se halla muy lejos de aquí.

—Pero carecemos por el momento de trenes directos. Sin embargo, bien podría darse el caso de que usted llegara a T. mañana mismo, tal como desea. La organización de los ferrocarriles, aunque deficiente, no excluye la posibilidad de un viaje sin escalas. Vea usted, hay personas que ni siquiera se han dado cuenta de[29] lo que pasa. Compran un boleto para ir a T. Pasa un tren, suben, y al día siguiente oyen que el conductor anuncia: «Hemos llegado a T.» Sin tomar precaución alguna, los viajeros descienden y se hallan efectivamente en T.

—¿Podría yo hacer alguna cosa para facilitar ese resultado?

—Claro que puede usted. Lo que no se sabe es si le servirá de algo.[30] Inténtelo de todas maneras. Suba usted al tren con la idea fija de que va a llegar a T. No converse con ninguno de los pasajeros. Podrían desilusionarlo con sus historias de viaje, y hasta se daría el caso de que lo denunciaran.

—¿Qué está usted diciendo?

—En virtud del estado actual de las cosas los trenes viajan llenos de espías. Estos espías, voluntarios en su mayor parte, dedican su vida a fomentar el espíritu constructivo de la empresa. A veces uno no sabe lo que dice y habla sólo por hablar.[31] Pero ellos se dan cuenta en seguida de todos los sentidos que puede tener una frase, por sencilla que sea.[32] Del comentario más inocente saben sacar una opinión

---

[29] *ni . . . de:* haven't even realized.   [30] *si le servirá de algo:* whether it will do you any good.   [31] *habla sólo por hablar:* talks just for the sake of talking.   [32] *por sencilla que sea:* no matter how simple it is.

culpable. Si usted llegara a cometer la menor imprudencia, sería aprehendido sin más;[33] pasaría el resto de su vida en un vagón cárcel, en caso de que no le obligaran a descender[34] en una falsa estación, perdida en la selva. Viaje usted lleno de fe, consuma la menor cantidad posible de alimentos y no ponga los pies en el andén antes de que vea en T. alguna cara conocida.

—Pero yo no conozco en T. a ninguna persona.

—En ese caso redoble usted sus precauciones. Tendrá, se lo aseguro, muchas tentaciones en el camino. Si mira usted por las ventanillas, está expuesto a caer en la trampa de un espejismo. Las ventanillas están provistas de ingeniosos dispositivos que crean toda clase de ilusiones en el ánimo de los pasajeros. No hace falta ser débil[35] para caer en ellas. Ciertos aparatos, operados desde la locomotora, hacen creer, por el ruido y los movimientos, que el tren está en marcha. Sin embargo, el tren permanece detenido semanas enteras, mientras los viajeros ven pasar cautivadores paisajes a través de los cristales.

—¿Y eso qué objeto tiene?

—Todo esto lo hace la empresa con el sano propósito de disminuir la ansiedad de los viajeros y de anular en todo lo posible las sensaciones de traslado. Se aspira a que un día se entreguen plenamente al azar, en manos de una empresa omnipotente, y que ya no les importe saber a dónde van ni de dónde vienen.

—Y usted, ¿ha viajado mucho en los trenes?

—Yo, señor, sólo soy guardagujas. A decir verdad, soy un guardagujas jubilado, y sólo aparezco aquí de vez en cuando para recordar los buenos tiempos. No he viajado nunca, ni tengo ganas de hacerlo. Pero los viajeros me cuentan historias. Sé que los trenes han creado muchas poblaciones además de la aldea de F., cuyo origen le he

[33] *sin más:* without further ado. [34] *en...descender:* in the event that they wouldn't make you get off. [35] *No hace falta ser débil:* You don't have to be weak.

referido. Ocurre a veces que los tripulantes de un tren reciben órdenes misteriosas. Invitan a los pasajeros a que desciendan de los vagones, generalmente con el pretexto de que admiren las bellezas de un determinado lugar. Se les habla[36] de grutas, de cataratas o de ruinas célebres: « Quince minutos para que admiren ustedes la gruta tal o cual », dice amablemente el conductor. Una vez que los viajeros se hallan a cierta distancia, el tren escapa a todo vapor.[37]

—¿Y los viajeros?

—Vagan desconcertados de un sitio a otro durante algún tiempo, pero acaban por congregarse y se establecen en colonia. Estas paradas intempestivas se hacen en lugares adecuados, muy lejos de toda civilización y con riquezas naturales suficientes. Allí se abandonan lotes selectos, de gente joven, y sobre todo con mujeres abundantes. ¿No le gustaría a usted acabar sus días en un pintoresco lugar desconocido, en compañía de una muchachita?

El viejecillo hizo un guiño, y se quedó mirando al viajero con picardía, sonriente y lleno de bondad. En ese momento se oyó un silbido lejano. El guardagujas dió un brinco, lleno de inquietud, y se puso a hacer señales ridículas y desordenadas con su linterna.

—¿Es el tren? —preguntó el forastero.

El anciano echó a correr por la vía, desaforadamente. Cuando estuvo a cierta distancia, se volvió para gritar:

—Tiene usted suerte! Mañana llegará a su famosa estación. ¿Cómo dice usted que se llama?

—¡X! —contestó el viajero.

En ese momento el viejecillo se disolvió en la clara mañana. Pero el punto rojo de la linterna siguió corriendo y saltando entre los rieles, imprudentemente, al encuentro del tren.

Al fondo del paisaje, la locomotora se acercaba como un ruidoso advenimiento.

---

[36] *Se les habla:* They are told.   [37] *a todo vapor:* at full steam.

Exercises

A. CUESTIONARIO

1. ¿A dónde llegó sin aliento el forastero?
2. ¿Qué le contestó el viejecillo cuando le preguntó si había salido ya el tren?
3. ¿Dónde quería hallarse el forastero a la mañana siguiente?
4. ¿Qué consejo le dió el viejecillo?
5. ¿Hay itinerarios y boletos para todos los pueblos del país?
6. ¿Es verdad que los trenes pasan por las aldeas más pequeñas?
7. ¿Qué falta que haga la compañía de ferrocarriles?
8. Dadas las circunstancias actuales, ¿pasará un tren por la estación donde espera el forastero?
9. Según el viejecillo, al subir a un tren, ¿quién espera ser conducido al sitio que desea?
10. ¿Cómo llegan algunos pasajeros a los andenes de la estación que prescribe su boleto?
11. ¿Qué pasa cuando los trenes recorren trayectos donde hay sólo un riel?
12. ¿Cómo surgió la aldea de F.?
13. ¿Por qué ofrece la empresa un atractivo descuento a algunos pasajeros?
14. ¿Por qué se han construído estaciones en plena selva que son pura apariencia?
15. Cuando llegó el tren por fin, ¿todavía quería llegar a « T » el forastero? ¿Por qué?

B. VERB EXERCISES

Using the expressions in the right-hand column, give the Spanish for the English sentences listed on the left.

1. *a)* Tomorrow we'll be in Monterrey. *hallarse*
   b) When he opened his eyes, he was on the ground.

2. *a)* One has to take into account the difficulties. *tomar en cuenta*
   b) You didn't take his age into account, did you?

3. *a)* That poor fellow is never satisfied.   *darse por satisfecho*
   b) Luisa would never be satisfied.

4. *a)* This room lacks fresh air.   *carecer de*
   b) In this town you'll never lack anything.

5. *a)* Three pesos are missing here.   *faltar*
   b) Yesterday afternoon in class you failed me.

6. *a)* The rain changed into snow.   *transformarse en*
   b) His garden has changed into a beautiful place.

7. *a)* I'll try to call you around five o'clock.   *tratar de*
   b) Why was he trying to get in so early?

8. *a)* He thinks he's always right.   *tener razón*
   b) I knew that they were right.

9. *a)* The four books are enough for now.   *bastar*
   b) She tells me that two cars won't be enough.

10. *a)* His parents made him stay at home.   *obligar a*
    b) I don't want to have to make you do it.

C. DRILL ON NEW EXPRESSIONS

From the expressions on the right select the one corresponding to the italicized English words on the left.

1. *From time to time*, salían a hablar con ellos.   *mientras tanto*
2. Nos gusta *all kinds of* frutas y legumbres.   *a decir verdad*
3. ¿Qué harás *in case* lleguen tarde?   *sin más*
4. *Not even* mencionaron la cosa.   *de vez en cuando*
5. *In the meantime*, mamá nos buscaba por todas partes.   *se da el caso*
6. A Diego le gusta *persist in* lamentar su mala suerte.   *a veces*
7. *To tell the truth*, yo no sé tampoco.   *ni siquiera*
8. *It happens* de que ella lo prefiere así.   *empeñarse en*

sin más

9. Se despidió de nosotros y, *without any to-do,*   *toda clase de*
   se marchó.

a veces

10. *At times,* no sabemos qué hacer.   *en caso de que*

D. REVIEW OF VERBS

The following verbs which appeared in previous stories also figured in "El guardagujas." Check your mastery of them by composing a question in Spanish using each of these verbs; then answer the question.

seguir (plus a gerund), *tener ganas de, fijarse en, haber de, resultar, darse cuenta de.*

Alfonso Ferrari Amores

EL PAPEL DE PLATA

Alfonso Ferrari Amores—Composer, Journalist, and Writer of Detective Stories

ALFONSO FERRARI AMORES *(1903-   ) was born in Buenos Aires, and it has been there that he has cultivated his subsequent literary career. He is a journalist by profession and a fiction writer during "outside" hours. His short stories have appeared in the leading Argentine newspapers and magazines, and his novel* Gaucho al timón *(1948) received a literary prize. Also honored by a similar award was his radio script "Mástiles quebrados." In addition, he has had several original dramas produced in the Argentine capital. To round out this varied background, we might add that Ferrari has written a number of tangos which have enjoyed great popularity in his country and abroad.*

Ferrari is widely known as a mystery story writer—an author of "whodunits." Under pseudonyms, as well as under his own name, he has published half a dozen detective novels with scenes laid outside Argentina. His detective short stories, which he signs himself, are clever tales set against a backdrop typically Argentine. His best work in the field of crime fiction has been done in the shorter form—as you may well judge from this little gem of a story— "El papel de plata."

El papel de plata

Joaco Migueles, aquel borracho filósofo que fué uno de mis amigos más divertidos, vino de la calle trayendo en la mano un papel plateado, de los que se usan como envoltura de chocolatines y cigarrillos. Antes de saludarme fué hasta una caja y lo echó en ella. Explicó:
—Calafate para el techo. Mira. —Señaló una línea de hoyuelos en el piso de tierra—. Una gotera. Esta tarde salí a pesar mío[1] —gruñó, rasgándose la nuca. —El solazo me mata. Yo no hubiera querido salir, pero necesitaba vino, y no tuve más remedio que salir.[2] Sin embargo, ya ves, encontré el papel plateado, que es lo mejor que hay para tapar las

[1] *a pesar mío:* against my wishes. [2] *no . . . salir:* I had no choice but to go out.

goteras. Ahí tienes una lección optimista que nos da el azar. No hay mal que por bien no venga,[3] como dice el refrán.

En esto se le volvió la sed y llenó de nuevo el vaso que tenía en frente. Los vasos en que echó Joaco el vino eran como floreros; poco faltaba para que alguno contuviese[4] tanto como la propia botella.

—Tú sabes que yo anduve por la Patagonia cuando era mozo. Fué una experiencia brava; y de no haberla sufrido,[5] sin embargo, no hubiera conocido la felicidad.

Me di cuenta en ese momento de que Joaco Migueles iba a contarme otra de sus memorables historias. A él no le gustaba sino charlar filosóficamente sobre lo que había sacado en limpio[6] de sus experiencias en este mundo. Me acomodé lo mejor posible en mi silla y me puse a escuchar el relato que sirvió para distraerme del mucho calor que hacía.

Acariciando su vaso, Joaco fijó vagamente su mirada en el techo, y me narró la historia que sigue y que he llevado al papel sin cambiar una letra.

—En un rincón de mi memoria donde nunca he barrido para no tener que avergonzarme con lo que saldría a . . . (iba a decir a relucir, pero no es la miseria cosa que reluzca[7]), hay un tanque de cemento. Un depósito de agua que quedó convertido por mí en dormitorio. Fué en Río Negro;[8] justamente, en El Ñireco. Tan despilchado andaba en aquel tiempo, que ni ganas de remendarme tenía, porque hubiera sido lo mismo que calafatear un barco hundido. En ese entonces muchos otros muchachos hicieron plata[9] con los caminos, trabajando de sol a sol[10] en las cuadrillas

---

[3] *No . . . venga:* "Every cloud has a silver lining."   [4] *poco . . . contuviese:* one of them was almost big enough to hold.   [5] *de . . . sufrido:* if I hadn't gone through it.   [6] *sacado en limpio:* gathered.   [7] *no . . . reluzca:* misery isn't something that glitters.   [8] *Río Negro:* A province in southern Argentina, just north of Patagonia.   [9] *plata:* money, "dough."   [10] *de sol a sol:* from sunup to sundown.

de Vialidad. Yo no tengo pasta para andar enta
tú sabes, como animal de tropilla. Seguí pobre, pere
mucho tiempo. De repente, me acomodé. Eso
hablar a muchos.[12] Todo el mundo opinó. Que esto, que lo
5 otro, que lo de más allá.[13] Yo voy a referirme al caso, ya
que también lo conozco, y después tú sacarás la conclusión
que mejor te parezca. Lo que dije del tanque al principio
viene a que por él te explicarás fácilmente[14] que no podía
yo negarme a disfrutar, cuando empezaron las nieves en
10 Viedma,[15] de una cama en la trastienda de una herboristería,
en la que me ofrecieron empleo como vendedor. Entre
seguir en el tanque de cemento en El Ñireco y ganarme el
pan[16] en Viedma, ¿quién iba a titubear? Así, quedé como
único ocupante del boliche, y una tarde llegó allí a visitarme,
15 justamente, don Hellmuth. Charlamos de mil cosas, y en
cierto momento le dije que si era verdad que la diabetes
consiste en un exceso de glucosa, a mí me parecía que la
ingestión de hongos venenosos, que matan por privar a la
sangre de aquella substancia, podría ensayarse, en ciertas
20 dosis, para curar a los diabéticos. Era una simple cuestión
de lógica. Entonces don Hellmuth me preguntó:
—¿Usted tiene hongos venenosos?
Por toda respuesta saqué[17] dos bolsitas del hueco del
mostrador y se los mostré.
25 —Estos son los buenos, y éstos son los malos. ¿No parecen
idénticos? Don Hellmuth asintió, maravillado.
—Calcule usted—continué.—Si uno los sirve por separado, en
dos platos, nadie podría diferenciar los venenosos de los
otros. Claro que sería conveniente disponer de un antídoto,
30 por si acaso.[18]

[11] *Yo . . . entablado:* I'm not made to be herded around.   [12] *dió que hablar a muchos:* gave many people occasion for comment.   [13] *Que . . . allá:* This, that, and the other thing.   [14] *viene . . . fácilmente:* was said so that you can easily understand.   [15] *Viedma:* Coastal city of Río Negro province.   [16] *ganarme el pan:* earning a living.   [17] *Por toda respuesta saqué:* My only reply was to take out. [18] *por si acaso:* just in case.

—¿Cuál?— preguntó don Hellmuth, que se mostró en seguida muy interesado.

—La misma glucosa. Una solución muy concentrada, claro. Puede beberse o inyectarse.

—Déme hongos de las dos clases—dijo él. —Y el contraveneno.

Mientras le cobraba los hongos y el frasco, le dije:

—Claro que si ha de estar al alcance de un enemigo que haya comido los hongos venenosos, convendría disfrazar el antídoto, para que no lo tome.

—¿Y cómo?— preguntó don Hellmuth.

Yo tomé de un cajón una etiqueta donde se veía una calavera en rojo, y debajo de ella la palabra « Veneno », y la pegué en el frasco.

—Ya está— le dije.—Ahora únicamente nosotros dos sabemos que esto no es lo que dice la etiqueta. Trate de no olvidarse de este detalle.

Casualmente aquella misma noche vino a refugiarse en mi botica la mujer de don Hellmuth, una criollita joven y linda a quien el gringo[19] acostumbraba moler a palos,[20] y eso después de haberse casado con ella, o tal vez de rabia por haberlo hecho; y me contó que después de haber comido juntos un guiso con hongos, la había echado de su casa corriéndola con un látigo. Don Hellmuth, que era hombre tan rico como avaro, solía tener arrebatos, pero nunca como esa vez, y la muchacha lloraba como una Magdalena. (¡Y tanto que escaseaban por allá las mujeres![21]) Yo hice girar la manivela del teléfono, me comuniqué con don Hellmuth y le grité, asustado:

—¡Oiga! ¡Equivoqué las etiquetas de los hongos! Los comestibles son los venenosos, y los . . .

Dicen que lo encontraron al otro día envenenado con

---

[19] *gringo:* In some Latin American countries *gringo* refers to an American, but in others, like Argentina, it refers to any foreigner. [20] *acostumbraba moler a palos:* used to beat regularly. [21] *¡Y . . . mujeres!* And women were so scarce there, too!

cianuro de potasio. El forense analizó el contenido del frasco que había vaciado de un trago don Hellmuth, y declaró:

—Veneno, tal como lo indica la etiqueta. Sin duda,
5 don Hellmuth se suicidó.

No faltaron despúes quienes me miraron de reojo porque me casé con la viuda. Claro que la criollita era un bombón. Fué mi papel de plata, como el que hoy encontré para remediarme. Pero, ¿asunto a qué murmuraban?²² De
10 envidiosos, no más.²³ En todo ven el dinero. ¿Por qué no se les ocurre pensar que un hombre, por más pobre que sea, puede ser desinteresado? A don Hellmuth le hicieron la autopsia; con ese motivo²⁴ se comprobó, de paso, que los hongos eran inofensivos. ¡Qué iba a vender yo hongos vene-
15 nosos!²⁵

Exercises

A. CUESTIONARIO

1. ¿Qué había encontrado Joaco Migueles para impermeabilizar el techo?
2. ¿A qué refrán se refirió Joaco?
3. ¿Sobre qué cosas le gustaba a Joaco charlar?
4. ¿Por qué no trabajaba Joaco en los caminos de Río Negro con los otros muchachos?
5. ¿Qué trabajo le ofrecieron a Joaco en Viedma?
6. ¿Quién llegó un día a la tienda a visitarlo a Joaco?
7. ¿Qué dijo Joaco acerca de los hongos venenosos?
8. ¿Qué acabó por comprar don Hellmuth?
9. ¿Quién vino a refugiarse en la tienda aquella misma noche?
10. ¿Cómo murió don Hellmuth?

²² *¿asunto a qué murmuraban?* was that anything for them to gossip about?
²³ *De envidiosos, no más:* They were jealous, that's all. ²⁴ *con ese motivo:* in this way. ²⁵ *¡Qué . . . venenosos!* What would I be doing selling poisonous mushrooms!

B. VERB EXERCISES

Using the expressions in the right-hand column, give the Spanish for the English sentences listed on the left.

1. *a)* What did you gather from his experiences?   *sacar en limpio*
   b) I don't know if I'll gather much from the conversation.

2. *a)* He settled himself in the chair and began to speak.   *acomodarse*
   b) Why don't you settle yourself here for a few minutes.

3. *a)* He appeared very nervous.   *mostrarse*
   b) Don't look so sad!

4. *a)* He earned his living working in a store.   *ganarse el pan*
   b) How will they earn a living?

5. *a)* Does this room suit you?   *convenir*
   b) Would it be suitable to speak of money?

6. *a)* María has forgotten the tickets.   *olvidarse de*
   b) I shall never forget you.

7. *a)* We were accustomed to getting up early.   *soler*
   b) Are you accustomed to having wine with your meals?

8. *a)* Why doesn't he get in touch with me?   *comunicarse con*
   b) Xavier got in touch with her father.

9. *a)* The officer killed himself after the battle.   *suicidarse*
   b) If you don't love me, I'll kill myself.

10. *a)* Whom is she going to marry?   *casarse con*
    b) He married the sister of a friend.

C. DRILL ON NEW EXPRESSIONS

From the expressions on the right, select the one corresponding to the italicized English words on the left.

1. *Suddenly*, se oyó un grito horrible.   *a pesar mío*
2. Ayer supimos, *by the way*, que el trabajo   *enfrente*
   llevaría muchas horas.
3. Te mando *separately* el libro que pediste.   *dar que hablar*
4. Acepté su oferta *against my wishes*.   *de repente*
5. Le aconsejo que traiga más dinero, *just in*   *por separado*
   case.
6. Juanito ¡ven acá *immediately*!   *de paso*
7. El hotel es una maravilla, *just as* dicen.   *por si acaso*
8. ¿Sabes tú por qué la vieja empezó a *look*   *en seguida*
   at me suspiciously?
9. Sus acciones van a *give occasion for comment*.   *mirar de reojo*
10. De vez en cuando ella miraba el reloj que   *tal como*
    estaba *before her*.

D. The following verbal expressions which figured in earlier stories reappeared in "El papel de plata." To check your mastery of them, review them by composing a question involving each verb; then answer the question.

faltar, darse cuenta de, ponerse a, tener ganas de, referirse, disfrutar de, refugiarse, ocurrirse.

Jorge Luis Borges

EL BRUJO
POSTERGADO

Borges Retells an Ancient Tale

JORGE LUIS BORGES, *author of "Los dos reyes y los dos labe-rintos," the story which opened this collection, has undertaken in the present narrative to "bring up to date" one of the oldest short stories in the Spanish language. This delightful fantasy first appeared in Spanish in 1335 in a book entitled* Libro del Conde Lucanor. *This volume, one of the first to be composed in the then relatively new Spanish idiom, was composed of fifty moral tales, most of which were inspired by previously known stories.*

The episode here offered, which Borges titles "El brujo poster-gado," was originally the eleventh "example," or moral tale, and carried the title "De lo que (a)contesció a un Deán de Santiago con Don Illán, el grand maestro de Toledo." Borges has done little more than remove the tale from its original setting in the book of exemplary lessons and rewrite it in modern Spanish—acknowledging as he does so his sources: the Conde Lucanor *and an earlier Arabic work* Las cuarenta mañanas y las cuarenta noches.

Much of Spanish literature, we might add here, reflects the influence of the Moorish occupation of the Iberian peninsula prior to 1492. It seems fitting that this final story should serve in itself as a measuring stick, so to speak, of Spanish literature. Its inspiration goes back to pre-Spanish times; it was subsequently written by Juan Manuel, one of the first cultivators of Spanish prose; and it is here rewritten by a contemporary Spanish language author of high repute. This story might well serve as an informal introduction to what may be called the "Spanish classics."

Our last word—you may never have read a story quite as startling as "El brujo postergado." We feel that, ancient as it may be, it is a masterpiece of its type. In short, we challenge you to guess the ending!

El brujo postergado

En Santiago[1] había un deán que tenía codicia de[2]
aprender el arte de la magia. Oyó decir que don
Illán de Toledo[3] la sabía más que ninguno,[4] y fué
a Toledo a buscarlo.

El día que llegó enderezó a la casa de don Illán y lo
encontró leyendo en una habitación apartada. Éste lo
recibió con bondad y le dijo que postergara el motivo de
su visita hasta después de comer. Le señaló un alojamiento

---

[1] *Santiago:* a city in Galicia, a province in northwestern Spain.   [2] *tenía codicia de:* wanted fervently to.   [3] *Toledo:* a city in central Spain, extremely important for religious activities during the Middle Ages.   [4] *más que ninguno:* better than anyone else.

muy fresco y le dijo que lo alegraba mucho su venida.[5]
Después de comer, el deán le refirió la razón de aquella
visita y le rogó que le enseñara la ciencia mágica. Don
Illán le dijo que adivinaba que era deán, hombre de buena
posición y buen porvenir, y que temía ser olvidado luego 5
por él. El deán le prometió y aseguró que nunca olvidaría
aquella merced, y que estaría siempre a sus órdenes. Ya
arreglado el asunto,[6] explicó don Illán que las artes mágicas
no se podían aprender sino en sitio apartado, y tomándolo
por la mano, lo llevó a una pieza contigua, en cuyo piso 10
había una gran argolla de fierro. Antes le dijo a la sirvienta
que tuviese perdices para la cena, pero que no las pusiera
a asar hasta que la mandaran. Levantaron la argolla entre
los dos y descendieron por una escalera de piedra bien
labrada, hasta que al deán le pareció que habían bajado 15
tanto que el lecho del Tajo[7] estaba sobre ellos. Al pie de la
escalera había una celda y luego una biblioteca y luego una
especie de gabinete con instrumentos mágicos. Revisaron
los libros y en eso estaban[8] cuando entraron dos hombres,
con una carta para el deán, escrita por el obispo, su tío, 20
en la que le hacía saber[9] que estaba muy enfermo y que
si quería encontrarlo vivo, no demorase. Al deán lo contra-
riaron mucho estas nuevas, lo uno por la dolencia de su
tío, lo otro por tener que interrumpir los estudios.[10] Optó
por escribir una disculpa y la mandó al obispo. A los tres 25
días[11] llegaron unos hombres de luto con otras cartas para
el deán, en las que se leía que el obispo había fallecido, que
estaban eligiendo sucesor, y que esperaban por la gracia
de Dios que lo elegirían a él. Decían también que no se

---

[5] *lo alegraba mucho su venida:* his coming made him very happy.   [6] *Ya arreglado el asunto:* With the matter now settled.   [7] *Tajo:* one of Spain's principal rivers; it flows through the city of Toledo.   [8] *en eso estaban:* they were engaged in this.
[9] *le hacía saber:* he informed him.   [10] *lo . . . estudios:* on the one hand, because of his uncle's illness, and on the other, because he would have to interrupt his studies.   [11] *A los tres días:* three days later.

molestara en venir, puesto que parecía mucho mejor que
lo eligieran en su ausencia.

A los diez días vinieron dos escuderos muy bien vestidos,
que se arrojaron a sus pies y besaron sus manos, y lo salu-
5 daron obispo. Cuando don Illán vió estas cosas, se dirigió
con mucha alegría al nuevo prelado y le dijo que agradecía
al Señor que tan buenas nuevas hubieran llegado a su
casa. Luego le pidió el decanazgo vacante para uno de
sus hijos. El obispo le hizo saber que había reservado el
10 decanazgo para su propio hermano, pero que había determinado favorecerlo y que partiesen juntos para Santiago.

Fueron para Santiago los tres, donde los recibieron con
honores. A los seis meses recibió el obispo mandaderos del
Papa que le ofrecía el arzobispado de Tolosa,[12] dejando en
15 sus manos el nombramiento de sucesor. Cuando don Illán
supo esto, le recordó la antigua promesa y le pidió ese
título para su hijo. El arzobispo le hizo saber que había
reservado el obispado para su propio tío, hermano de su
padre, pero que había determinado favorecerlo y que
20 partiesen juntos para Tolosa. Don Illán no tuvo más remedio
que asentir.

Fueron para Tolosa los tres, donde los recibieron con
honores y misas. A los dos años, recibió el arzobispo mandaderos del Papa que le ofrecía el capelo de Cardenal, dejando
25 en sus manos el nombramiento de sucesor. Cuando don
Illán supo esto, le recordó la antigua promesa y le pidió
ese título para su hijo. El Cardenal le hizo saber que había
reservado el arzobispado para su propio tío, hermano de
su madre, pero que había determinado favorecerlo y que
30 partiesen juntos para Roma. Don Illán no tuvo más remedio
que asentir. Fueron para Roma los tres, donde los recibieron
con honores y misas y procesiones. A los cuatro años murió

---

[12] *Tolosa:* Toulouse, a city in southern France.

el Papa y nuestro Cardenal fué elegido para el papado por todos los demás. Cuando don Illán supo esto, besó los pies de Su Santidad, le recordó la antigua promesa y le pidió el cardenalato para su hijo. El Papa lo amenazó con la cárcel, diciéndole que bien sabía él que no era más que un brujo y que en Toledo había sido profesor de artes mágicas. El miserable don Illán dijo que iba a volver a España y le pidió algo para comer durante el camino. El Papa no accedió. Entonces don Illán (cuyo rostro se había remozado de un modo extraño), dijo con una voz sin temblor:

—Pues tendré que comerme las perdices que para esta noche encargué.

La sirvienta se presentó y don Illán le dijo que las asara. A estas palabras, el Papa se halló en la celda subterránea en Toledo, solamente deán de Santiago, y tan avergonzado de su ingratitud que no atinaba a disculparse.[13] Don Illán dijo que bastaba con esa prueba,[14] le negó su parte de las perdices y lo acompañó hasta la calle, donde le deseó feliz viaje y lo despidió con gran cortesía.

Exercises

A. CUESTIONARIO

1. ¿Qué quería aprender el deán de Santiago?
2. ¿Por qué fué a Toledo a buscar a don Illán?
3. ¿Cómo lo recibió éste?
4. ¿Qué le prometió el deán a don Illán antes de empezar sus estudios?
5. ¿Qué le dijo don Illán a la sirvienta antes de bajar a la biblioteca?

[13] *no atinaba a disculparse:* he wasn't even able to apologize. [14] *bastaba con esa prueba:* this was enough proof for him.

6. Mientras revisaban los libros de don Illán, ¿quiénes llegaron?
7. ¿Por qué no cedió el deán el decanazgo al hijo de don Illán?
8. En Santiago, ¿por qué no le cedió el obispado?
9. ¿Por qué asintió don Illán a que fueran juntos a Tolosa?
10. ¿Qué nuevo honor recibió el deán en Roma?
11. ¿Qué decidió hacer don Illán por fin?
12. ¿Qué le pidió don Illán al Papa para su viaje?
13. Cuando el Papa no accedió, ¿qué respondió don Illán?
14. ¿Dónde se halló de repente el deán de Santiago?
15. ¿Cómo se explica esto?

B. VERB EXERCISES

Using the expressions in the right-hand column, give the Spanish for the English sentences listed on the left.

1. *a)* We heard that he was the best doctor.   *oír decir*
   b) You'll hear it said often around here.

2. *a)* This letter will upset her a great deal.   *contrariar*
   b) His ideas always annoy me.

3. *a)* We chose to buy the older of the two   *optar por*
      houses.
   b) She says they'll choose to use the first
      book.

4. *a)* He died at the age of eighty-nine.   *fallecer*
   b) The king has died.

5. *a)* Please don't bother.   *molestarse*
   b) Why did you go to the trouble?

6. *a)* Tomorrow he'll make known his plans.   *hacer saber*
   b) They notified me of it this afternoon.

7. *a)* The truth is that they wanted to help   *favorecer*
      me.
   b) Don Pedro always favored his son.

8. *a)* He called and she appeared imme-   *presentarse*
      diately.
   b) At what time are we to appear?

9. *a)* On seeing what had happened, he   *disculparse*
   apologized.

   b) He excused himself and left.

10. *a)* There's nothing for us to do but tell   *no tener más*
   them.   *remedio que*

   b) There's nothing else the poor fellow
   can do but leave.

C. DRILL ON NEW EXPRESSIONS

From the expressions on the right, select the one corresponding
to the italicized English words on the left.

1. *Ten days later*, el joven volvió a ver el   *a sus órdenes*
   caballo.

2. El no quería hablar de su *former* promesa.   *al pie de*

3. A ella no le gusta ir a la playa, *since* no   *antigua*
   sabe nadar.

4. De hoy en adelante estoy *at your service*.   *los demás*

5. Ellos hablan *only* el inglés.   *de un modo extraño*

6. Esperamos que, *through the grace of God*,   *de luto*
   se salve.

7. Me quedaré aquí con *the others*.   *no . . . más que*

8. Toda la familia se vestía *in mourning*.   *puesto que*

9. La frase se encuentra at *the foot of* la   *a los diez días*
   página.

10. Ella seguía mirándole *strangely*.   *por la gracia de
   Dios*

VOCABULARIO

The following types of words have been omitted from this vocabulary: (a) exact or easily recognizable cognates; (b) well-known proper and geographical names; (c) proper nouns and cultural, historical, and geographical items explained in footnotes; (d) individual verb forms (with a few exceptions); (e) regular past participles of listed infinitives; (f) some uncommon idioms and constructions explained in footnotes; (g) diminutives in **-ito** and **-illo** and superlatives in **-ísimo** unless they have a special meaning; (h) days of the week and the months; (i) personal pronouns; (j) most interrogatives; (k) possessive and demonstrative adjectives and pronouns; (l) ordinal and cardinal numbers; (m) articles; (n) adverbs in **-mente** when the corresponding adjective is listed; and (o) some simple prepositions.

The gender of nouns is not listed in the case of masculine nouns ending in **-o** and feminine nouns ending in **-a**, **-dad**, **-ez**, **-ión**, **-tad**, and **-tud**. A few irregular plurals, such as **veces**, are listed both as singular and plural. Most idioms and expressions are listed under their two most important words. Radical changes in verb conjugations are indicated thus: (**ue**), (**ie, i**), etc. Prepositional usage is given in parentheses after verbs. A dash means repetition of the key word. Parentheses are also used for additional explanation or comment on the definition.

Many of the above criteria were not applied in an absolute fashion. Whenever we doubted that an average second-year student would understand a particular term, we included it.

abbreviations

adj.	adjective	*m.*	masculine
adv.	adverb	*Mex.*	Mexican
arch.	archaic	*n.*	noun
Arg.	Argentine	*p.p.*	past participle
aux.	auxiliary	*pers.*	person
coll.	colloquial	*pl.*	plural
dim.	diminutive	*pr.*	present
e.g.	for example	*prep.*	preposition
expl.	expletive	*pret.*	preterite
f.	feminine	*sing.*	singular
imp.	imperative	*subj.*	subjunctive
inf.	infinitive	*sup.*	superlative
Lat.	Latin	*v.*	verb

A

abajo down, under, below; **para —** downward; **río —** down the river; **de arriba —** up and down, from top to bottom, from head to foot

abalanzarse to rush

abanicar to fan

abierto *p.p. of* **abrir**

abismo abyss

abordaje *m.* getting on, boarding (*a train*)

abordar to get on, board (*a train*)

abrazado embraced

abrigo shelter, cover, blanket

abrir to open

abstraído absorbed

acá here, over here, this way

acabado emaciated, worn out

acabar to finish, end; **— de** + *inf.* to have just + *p.p.;* **—** (*in pret.*) **de** + *inf.* to finish + *gerund* (*e.g.* **acabó de escribir** he finished writing); **— por** to finish (end) up by

acariciar to cherish; to caress, pet, fondle

acaso maybe, perhaps; **por si —** just in case

acceder to agree, consent

acerca de about, with regard to

acercarse (**a**) to approach, go up (to)

acero steel

acertar (**ie**) **a** to happen to, chance to; to succeed in

acólito assistant

acometer to attack, come on

acomodar to place, arrange; **—se** to settle oneself, settle down

acompañante *m.* companion

acompasado measured, rhythmic

acongojado afflicted, grieved

aconitina aconitine (*a poison made from the roots of certain plants*)

aconsejar to advise

acontecer to happen

acontecimiento event, happening

acordarse (**ue**) (**de**) to remember

acorde *m.* chord

acorrer to help, aid

acostarse (**ue**) to lie down, go to bed

acostumbrarse (**a**) to get used to

acribillar to pierce, riddle, cover with wounds

actitud look, position, attitude

actual present, present-day

acudir to come, appear, run up; to come to the rescue; to hurry

acuerdo agreement, accord; **de — a** in accordance with, according to; **ponerse de —** to come to an agreement

adecuado adequate

adelantar to advance; **—se** (**a**) to excel, outdo; to take the lead, get ahead of

adelante forward, onward, ahead; **de hoy en —** from today on

además (**de**) besides

adentro inward, inside

adinerado well-to-do, wealthy

adivinar to guess, figure out, divine

admirable excellent, admirable
adornado decorated
adosado stuck, fastened
adueñarse de to take possession of
adusto stern, sullen
advenimiento advent, arrival, coming
advertir (**ie, i**) to warn; to notice, observe
aéreos: jardines —— roof gardens
aeronauta *m.* pilot, one who flies
afán *m.* eagerness
afanosamente laboriously, painstakingly
afecto fondness, affection
afirmar to assert
afrentado insulted, ashamed
afrontar to face, put up with
agacharse to crouch, bend down
agarrado holding on
agiotista *m.* moneylender
agitar to wave, agitate; ——**se** to move about
agotado exhausted, worn out
agradecer to thank, be grateful for
agradecimiento gratitude
agregar to add
agua water; ——**s arriba** upstream
aguantar to bear, suffer, stand
agudo sharp
aguijón *m.* stinger
aguijonazo sting, prick
agujereado pierced
ahí there
ahora now; —— **bien** now then; —— **mismo** right now

ahorro saving
aislar to isolate
ajedrez *m.* chess
al: —— + *inf.* on, upon + *gerund* (*e.g.* **al levantarse** upon getting up)
ala wing
alabado praised
alacrán *m.* scorpion
alargado slender
alargar to extend, draw out
alarido howl, scream
alarmante alarming
alcaide *m.* special guard
alcance *m.* reach
alcanzar a to succeed in
aldea village
alegrar to make happy, gladden; ——**se** (**de**) to be happy, glad (about)
alegre happy, joyful
alegría happiness, joy
alejarse (**de**) to leave, go (move, draw) away, walk off
alelado stupified
alféizar *m.* window frame
algazara din, clamor
algo something, somewhat; **servir de** —— to do any good
alguien some one, anyone
alguno (**algún**) some, any; ——**a parte** somewhere
alhaja gem, precious ornament, article of great value
alharaca clamor
aliado allied
aliento breath; **sin** —— breathless
alimento food
alirroto broken-winged
aliviado relieved

alma soul, "heart"
almohada pillow
alojamiento lodging, room
alojarse to stay, take lodging
alquilar to rent
alrededor (de) around
alteración unevenness
alto high, tall; loud
altoparlante *m.* loudspeaker
altura height
alucinación hallucination
alumbrar to light
alzar to lift
allá there; —— **arriba** up there; **más** —— farther on; **más** —— **de** beyond
allí there
amablemente amiably, in a kindly manner
amar to love
amargo bitter
amarillento yellowish
amarillo yellow
amarrar to tie, fasten
ambicionar to aspire to, seek
ambos both
amenazar to threaten
americano *this usually refers to* Latin American *or* Spanish American. "American" *is* **norteamericano**
amigo friend
amistad friendship
amoldar to mold, fashion, figure
amontonado crowded together, thick
amor *m.* love
amotinado in a mob, milling about
anales *m. pl.* annals
anciano old, ancient

anclar to anchor
andar to walk, go; **con el** —— **del tiempo** with the passing of time
andén *m.* platform (*in a railroad station*)
ángulo angle
angustia anguish
animarse (a) to get up the energy (to); to have the courage (to)
ánimo courage, fortitude, strength; mind, spirit; ¡**buen** ——! cheer up!
anoche last night
anochecer *m.* nightfall
anonadado annihilated, crushed
anotación note
anotar to note, jot down
ansia anxiety, eagerness; **con** ——**s de** anxious to
ansiedad anxiety
ansioso anxious
ante before
antes (de) before
antiguo old, ancient; former
antojo fancy, whim
anular to eliminate
añadir to add
apagar to turn out; ——**se** to go out, die out
aparecer to appear, show up
apariencia illusion, appearance
apartado isolated, retired
apartar to spread, separate, push away; ——**se** to move away (back)
aparte aside
apenas scarcely, barely, hardly; just as
aplastar to crush, smash

aplaudidor *m.* admirer, applauder

apoderarse de to overcome, take possession of

apoltronado lounging

apoyar to support, lean

aprehendido arrested

aprender to learn

aprendizaje *m.* apprenticeship

apretar (**ie**) to press, squeeze, pinch

aprobar (**ue**) to approve

aprovechar to take advantage of, make use of

aproximarse to approach

apunte *m.* note

apuro difficulty, "tight spot"

aquél the former

aquí here

árbol *m.* tree

arder to burn

ardiente *adj.* burning

ardor *m.* burning

arena sand

arengar to harangue, deliver a speech to

argolla ring

arisco shy

armadura armor

armonía melody, harmony

armonioso melodious, harmonious

arraigado deep-rooted, fixed

arrancar to draw (pull, tear) out

arrastrar to drag, pull; ——**se** to drag, crawl, creep

arrebato fit

arreglar to arrange

arremangar to roll up (*sleeves*)

arriba up, upward; **aguas** —— upstream; **allá** —— up there;

de —— **abajo** up and down, from top to bottom, from head to foot; **para** —— upward; **río** —— up the river

arrojar to throw

arroyito *dim. of* **arroyo** stream

arroyuelo *dim. of* **arroyo**

arruga wrinkle

arrugado wrinkled

arrullar to lull

articular to utter

arzobispado archbishopric

arzobispo archbishop

asar to roast

ascensor *m.* elevator

asegurar to assure

aserrín *m.* sawdust

asesino murderer

asestar to deal, strike (*a blow*)

así thus, like this, this (that) way

asiento seat; **tomar** —— to be seated

asirse (**a**) to hold on (to), grab, grasp

asomarse (**a**) to peek at; to look out (of), appear (at)

asombrado amazed, astonished

asombro amazement, astonishment

aspecto look

asunto matter, affair

asustarse to be frightened

ataque *m.* attack

atar to tie

atender (**ie**) to take care of, tend to

aterrizar to land

aterrorizado terrified

atinar (**a**) to succeed (in)

atracado moored

atraer to pull back

atrás back, backward
atravesar (**ie**) to cross
atreverse (**a**) to dare (to)
atril *m.* music stand
atronar (**ue**) to boom, play deafeningly
atroz atrocious
augusto magnificent, august
aumentar to increase
aun, aún still, yet; even
aunque although, even though
ausencia absence
ausente absent
auxiliado helped, aided
auxilio help, aid
avance *m.* advance
avanzar to move forward, advance
avaro greedy
ave *f.* bird
avenida avenue; **Avenida de Mayo** *a principal street in Buenos Aires*
aventurarse (**a**) to risk, take a chance on
avergonzarse (**ue**) to be ashamed
averiado damaged, in bad condition
avión *m.* airplane
ayudar to help, aid, assist
azar *m.* chance, luck, fate
azorado terrified
azotar to lash, whip
azul blue
azulado bluish

B

bailar to dance
bailarina dancer
bajar to come (go) down
bajo under

bala bullet
balbucear to babble
balde: en —— in vain
baldosa sidewalk stone
bandada flock
barato cheap
barba beard
barco boat
barrer to sweep
barriga belly
barro mud
barrote *m.* rung, bar
bastante enough, quite, fairly, "pretty"
bastar to be enough, suffice; ¡**basta!** enough!
bastón *m.* cane
batallar to struggle
beato devout, pious
beber to drink
bejuco type of tropical vine
belleza beauty
bello beautiful
bendición blessing
bendito blessed person; **dormir como un ——** to sleep like a baby
bermejo vermillion
besar to kiss
bestia beast
biblioteca library
bien well, good, fine, O.K.; **ahora ——** now then; **de ——** honest; **más ——** rather, more; **pues ——** well then; **tener a ——** to see fit; *m. n.* good, benefit; «**No hay mal que por —— no venga**» "Everything turns out for the best," "Every cloud has a silver lining"
bienaventuranza bliss

billete *m.* bill (*money*)
bioquímica biochemistry
blanco white
blanqueado white-washed
bloqueado blocked (off)
boca mouth
bocado bite, mouthful
bocanada whiff, breath, gasp
boga style, vogue; **en ——** popular
bola ball
boleto ticket
boliche *m.* little store
bolsillo pocket
bolsita *dim. of* **bolsa** bag
bombón *m.* candy, sweetstuff, "honey"
bondad kindness
bonito pretty
boquilla *dim. of* **boca**
borde *m.* edge
bordo: a —— de aboard
borracho drunk, drunken
bosque *m.* woods
bota boot
bote *m.* bounce, rebound
botella bottle
botica medicine; shop
boyar to float to the surface
bramar to roar
bramido roar
bravo wild, savage
brazo arm
brea tar
brillante *m.* diamond
brillar to shine, gleam
brillo gleam
brincar to caper, frisk
brinco leap, jump; **dar un ——** to jump, take a jump; **pegar un ——** to jump

brisa breeze
bromear to jest
bronco solid, hard, rough
brujo sorcerer, wizard
brusco sudden, abrupt
bueno good, well
buhonero peddler
bulto bundle
bullicio uproar
bullicioso noisy, bustling
burbuja bubble
burla scorn, mockery; **hacer —— de** to mock
burlarse (de) to make fun of, mock
buscar to look for, seek, search
butaca easy chair
buzo diver

C

cabal: a carta —— through and through, in every respect
cabalgar to ride on horseback
caballo horse
cabello hair, lock
cabestro halter
cabeza head
cabezal *m.* small pillow
cabo end; **al fin y al ——** after all
cabrita kid (*goat*)
cada each, every; **—— vez más** more and more
cadáver *m.* body, corpse
caer to fall; **dejar ——** to drop; **——se** to fall down
caja box, case
cajero cashier
cajón *m.* drawer
calafate *m.* calking

calafatear to calk
calavera skull
calcular to figure, estimate
calor *m.* heat, warmth
calorcillo extreme heat
calvo bald
calza cord, fetter (*used on animals*)
calzado: —— con wearing (*on one's feet*)
callado silent
calle *f.* street
callejón *m.* alley
callejuela narrow street
cama bed
camarada *m.* comrade
camarero waiter
cambiar to change, exchange
cambio change; **a —— de** in exchange for; **en ——** on the other hand, on the contrary
camello camel
caminar to walk, go, travel
camino way, road; trip, journey; **—— de** on the road to, in the direction of
camisa shirt
campanada ring of a bell
campanita *dim. of* **campana** bell
campo country; field
canal *m.* channel
canción song
canoso gray-haired
cansado tired
cansancio fatigue
cantar to sing
cantidad quantity
canto song, chant
caño pipe
capa layer, coating, covering
capacitar to prepare, qualify

capataz: —— de servicio head-waiter
capelo office (*of cardinal*)
capilla chapel; **vagón —— ardiente** funeral chapel car
capital *m.* money, capital
cara face
caracol *m.* snail
cárcel *f.* jail, prison
cardíaco *adj.* heart
cardo thistle
carecer de to lack
cargar to carry; **—— (de)** to load, burden (with)
cargo: a —— de in charge of
cariño affection, fondness
cariñosamente affectionately, fondly
caritativo charitable
carne *f.* flesh, meat; **——s** flesh
carnicero *n.* butcher; *adj.* bloodthirsty, carniverous
carraquillo *dim. of* **carraco** *South American bird resembling a turkey buzzard*
carrera course; career; race
carta letter; **a —— cabal** through and through, in every respect
casa house; **a ——** home; **en ——** at home
casarse (con) to marry, get married (to)
caserón *m.* house
casi almost, nearly
casilla cage, booth
caso incident, fact, case; **darse el ——** to happen
castellano Castilian
castillo castle
casualidad chance, chance event

casualmente by chance
catarata waterfall, cataract
caudal *m.* fortune, wealth
caudaloso of great volume, carrying a lot of water
causa: a —— de because of
cautivador captivating, charming
cautivo captive
cavilación calculation
cazar to hunt
ceder to yield, give (up)
cedro cedar
ceja eyebrow
celda cell
celeste celestial, heavenly
cena supper
cenar to eat supper
ceniciento ash-colored
centavo cent
centenar: a ——es by the hundreds
centinela *m.* sentinel
centro: al —— downtown
cerca (de) near, close (to)
cercano *adj.* near, nearby, close
cerdo pig
cerebro brain
cerrar (ie) to shut, close
cerrojo bolt, latch
certidumbre *f.* certainty
cesar to stop, cease
césped *m.* lawn, grass
cianuro: —— de potasio potassium cyanide
cielo sky, heaven; **—— raso** ceiling; **¡Cielos!** Good heavens!
cieno mire, slime
cierto certain, sure
cifra sum total
cigarra locust

cigarrillo cigarette
cine *m.* movies; movie theater
circular to go (move) through
circunvecino neighboring, surrounding
ciudad city
ciudadano citizen
clamar to cry out
claridad light, brightness
clarividencia clairvoyance
claro clear, bright; of course; **—— que** of course; **es ——** of course!
clavar to fix, nail, stick in, pierce, prick
clavo nail, spike
cobayo guinea pig
cobertizo covering
cobrar to charge (for), collect (*money*)
cocinera cook
cocotero coconut tree
coche *m.* car, automobile
codicia fervent desire; envy, greed, covetousness
coger to catch, pick up
cojear to limp
cola tail
colarse (ue) to pass (steal) through
colchón *m.* mattress
colear to pull an animal's tail
colgar (ue) to hang
colocar to place, set, put
colorado red
comadrear to gossip
comarca territory, region
comer to eat; **——se** to eat up
comercio business
comestible *adj.* edible
cometer to commit

comida meal

como like, as; since; about, approximately; —— **para** as if to

cómodamente comfortably

compadecer to pity

compadecido showing pity

completo: por —— completely

componerse (de) to be composed, made up (of)

comprar to buy, purchase

comprender to understand; to comprise

comprobar (ue) to verify, confirm, substantiate

comprometedor compromising

compuesto *p.p. of* **componer** dressed up, made up

comunicarse con to get in touch with

concluir to finish, end

concordar (ue) to agree, tally

conchita *dim. of* **concha** shell

condenado condemned man

conducir to lead, direct, take; to carry

conductor *m.* driver; conductor (*Mex.*)

confianza confidence

confiar to confide, entrust

conformarse (con) to decide (to), agree (to)

conforme *adv.* as soon as

confundir to confuse, mix

congregar to gather together; ——**se** to gather together, congregate

conmigo with me

conocedor *adj.* expert, competent (*as a connoisseur*)

conocer to know, be acquainted

with; to meet; **dar a** —— to make known

conocido *n.* acquaintance, friend

conocimiento knowledge

consabido well-known

consejo advice

conseguir (i) to obtain, get, gain

conservar to retain, keep

consumado complete, perfect

contar (ue) to count; to relate, tell a story

contemporáneo contemporary

contenido *n.* contents; *adj.* prudent, careful

contentarse to be satisfied, content

contestar to answer, reply

contigo with you

contiguo adjoining

contoneo swaying

contorno vicinity

contra against

contrariar to upset, annoy

contratar to engage, rent

contraveneno antidote

conveniente desirable, suitable; ——**mente** in the right way, as one is supposed to

convenir (ie) to be desireable, suitable, fitting, proper

convento monastery

convertir (ie, i) to turn into; ——**se** to turn into, become

convoy *m.* train

copudo thick-topped (*tree*)

corazón *m.* heart

cordón *m.* cord; curb

coro chorus

corporeidad body weight

corredor *m.* front porch

correntón *m.* gust

correr to run; to pursue, chase

corriente *f.* current; **darle la —** to humor one; **llevarle la —** to let one have his own way

cortar to cut (off)

cortésmente courteously, politely

cortina curtain; **— metálica** steel shutter (*placed over store fronts at night*)

cosa thing, matter

costa cost, price; coast, shore

costado side; **de —** on one's side

Costanera, la *a riverside drive and walk in Buenos Aires*

costar (ue) to cost; to cause; **— poco** to be easy

costear to go along the edge (*of a body of water*)

costilla rib

costoso expensive, costly

cráneo skull, head

crecer to grow, increase

crédito belief, faith

creer to believe, think; **¡ya lo creo!** of course!, yes, indeed!

crepuscular *adj.* twilight

criado servant

criar to raise, bring up

crin *f.* mane

criollita *dim. of* **criolla** a native of Spanish America

cristal *m.* glass, crystal; pane of glass, window

crónica chronicle

crujiente *adj.* rustling

cruz *f.* cross, crossing

cruzar to cross

cuadrilla crew, gang (*of workers*)

cuajado ornately decorated

cual which, what; **el** (*and other articles*) **—** which, who; **tal o —** such-and-such, so-and-so

cualquier(a) any, anybody

cuando when, whenever; **— menos** at least; **de — en —** from time to time; **de vez en —** from time to time, now and then

cuanto all that, everything that, as much as; **— antes** without delay, as soon as possible, immediately; **en —** as soon as; **unos —s** a few, some

cuarto room

cubierto *p.p. of* cubrir; **a —** protected

cubrir to cover

cuchichear to whisper

cuello neck

cuenta: darse — de to realize

cuentagotas *m.* dropper

cuento story

cuerda rope, string

cuerpo body; **— de policía** police force

cuidado care; be careful; **— con** watch out for

cuidadosamente carefully

cuidar de to take care (be careful) to; to take care of; **—se de** to take care to

cuitado unfortunate

culpa blame, guilt

culpable blameworthy, guilty

cumplimiento fulfillment, performance

cumplir to fulfill, keep, observe

cuna family, lineage

cundir to grow, flourish, expand

curarse to get well
custodio guardian
cuyo whose

CH

chapalear to splash, splatter
chapotear to splash
chaqueta jacket, coat
charlar to chat
chico *n.* boy, lad, "kid"; *adj.* small, tiny
chicuelo *dim. of* **chico**
chillar to shriek, scream
chiquillo, chiquito, *dim. of* **chico**
chispa spark
chocar con to bump (crash, run) into, hit
chocolatín *m.* chocolate candy
chófer *m.* driver
choza hut

D

dama lady; queen (*in chess*)
daño harm, damage, injury; **hacer ——** to hurt
dar to give; to strike (*the hour*) (*e.g.* **daban las cinco** the clock struck five); **—— a conocer** to make known; **—— con** to come across; **—— contra** to hit against; **——le la corriente** to humor one; **—— que hablar** to give occasion for talk, comment; **—— sobre** to fall (hit) on; **—— un brinco** (**salto**) to jump, take a jump; **—— un paso** to take a step; **—— una vuelta** to take a walk; **—— voces de socorro** to call for

help; **—— vuelta** to turn around; **——se cuenta de** to realize; **——se el caso** to happen; **——se por satisfecho** to be satisfied
de of, from, by, in, with (*e.g.* **de un tiro** with one shot)
deán dean (*high official of a cathedral*)
deber to be supposed to, should, ought to, must; to owe; **—— (de)** must (*probability*)
debidamente in the proper fashion
débil weak
debilidad weakness
decanazgo deanship
decir (**i**) to say, tell; **querer ——** to mean; **a —— verdad** to tell the truth
declaración statement
declinación fall
dedo finger; toe
definitivamente finally
defunción death
dejar to let, allow, permit; to leave; **—— caer** to drop; **——(se) de** + *inf.* to stop + *gerund* (*e.g.* **dejó de escribir** he stopped writing)
delante (**de**) in front (of), before
deleite *m.* delight
deletrear to spell
delicadeza daintiness, tenderness
delicioso delightful
demanda: en —— de asking for
demás rest; **los ——** the others
demasiado too much, too
demoníaco diabolical, devilish
¡Demonios! The Devil!

demorar to delay

demostrar (ue) to show, demonstrate

dentro (de) inside, within

Deo (*Lat.*) God; —— **gratias** Thanks be to God

deporte *m.* sport

depositar to place

derecho *n.* right, privilege; *adj.* right

derramar to pour, spill

derribar to destroy, raze, knock down

derroche *m.* flood

desaforadamente in an unusual (extraordinary, crazy) way

desagrado displeasure

desalentado out of breath

desaparecer to disappear

desarmar to take apart

desarrapado ragged

desatar to untie

desayuno breakfast

desbocado runaway (*said of a horse*)

descalabrarse to fracture one's skull

descalzo barefooted

descansar to rest

descender (ie) to get off, come down

descomponerse to separate, come apart

desconcertado disturbed, confused, disconcerted

desconocido unknown, strange; *n.* stranger

descubrir to uncover, discover

descuento discount

descuidado careless

desde from, since; —— **que** since, ever since

desdecirse (i) to retract (*a statement*)

desear to want, desire, wish

desembocar to come into, flow into

desempeñar to perform, discharge; to redeem, take out of pawn

desentonado discordant

desenvolverse (ue) to develop, unfold

desesperación desperation

desesperado desperate

desesperante maddening

desesperar to lose hope, despair

desgarrado torn, clawed

deshacer to destroy, cut to pieces; ——**se** to be overwhelmed, overcome

deshecho *p.p. of* **deshacer**

desierto deserted; *n.* desert

desistir to stop, cease

deslizarse to glide by

desmayado in a faint

desnucarse to break one's neck

desnudo naked, bare

desocupado idle

desordenado wild, irregular

despachar to dismiss, put away

despacio slowly

despacito very slowly, very softly

despatarrado stupefied, motionless

despectivamente contemptuously

despedir (i) to dismiss; ——**se (de)** to say good-by (to), take leave (of)

despegar to unglue, separate

despertar (ie) to wake up; ——**se** to wake up, awaken

despilchado poorly dressed (*Arg. slang*)

despotismo tyranny, despotism

desprenderse to come (peel) off, come loose, separate

después (de) after, afterward

desvanecido vanished, out of sight, disappearing from sight

desvestir (i) to undress

detalle *m.* detail

detener (ie) to stop, hold back; ——**se** to stop

determinado definite, decided

detrás (de) behind, in back (of)

devolver (ue) to return

di *imp. of* **decir**

día *m.* day; **al otro ——** on the next day

diafanidad transparency, translucency

diáfano translucent, diaphanous

diario *n.* daily newspaper; *adj.* daily

dibujar to draw, sketch

dicha happiness, good fortune

dicho *p.p. of* **decir**; —— **y hecho** no sooner said than done; *n.* saying

dichoso happy, fortunate

diente *m.* tooth

dientecillo *dim. of* **diente**

digno worthy; —— **de fe** trustworthy, creditable

diminuto tiny, minute

dinero money

dios god

directorio board of directors

dirigirse a to turn to, go up to; to address

discípulo pupil

disculpa apology, excuse

disculparse to apologize, excuse oneself

disfrazar to disguise

disfrutar de to enjoy oneself, benefit by (from)

disminuir to lessen, diminish

disolverse (ue) to disappear

disparar to shoot, fire

displicencia disagreeableness, displeasure

disponer to order, command; —— **de** to have available

dispositivo device, contrivance

dispuesto *p.p. of* **disponer**; ready, inclined to

distinguir to make (pick) out, distinguish

distinto different

distraer to distract

divagar to roam

divertido enjoyable, amusing

divertirse (ie, i) to enjoy oneself, have a good time

divisar to sight, see, perceive at a distance

doctorar to obtain a doctor's degree

dolencia illness, ailment

doler (ue) to hurt, pain

dolor *m.* pain

dolorcillo little pain, twinge

dolorido sore, painful

dolorosamente painfully

don *m.* gift; *title of respect used before one's given name in Spanish, usually not translated into English*

echar mano de — to make use of
echarse a — to begin to
donde-encogerse xiv

donde where; —— + *a proper noun is like* **en casa de** *used in Spain or* **chez** *in French* (*e.g.* **para donde la tía** to her aunt's)

dormido sleeping, asleep

dormir (**ue**, **u**) to sleep; —— **como un bendito** to sleep like a baby

dormitorio bedroom

dorso back

duda doubt

dudar to doubt

duende *m.* goblin

dueño owner

dulce sweet

dulzura sweetness, softness

durante during, for

durar to last

durmiente *m.* railroad tie

duro *n.* dollar, peso; *adj.* hard, tough

E

e and

¡ea! hey!

echar to throw, toss; to put; to pour; to mail; —— **a** to begin to; —— **mano de** to make use of; ——**se a** to begin to

edificio building

educación upbringing, training, breeding

efectivamente really, actually

efecto: en —— as a matter of fact, in fact, in effect

eficaz effective, efficacious

eje *m.* axle

ejecutar to carry out

ejemplo example

ejército army

elevarse to rise

elegir (**i**) to elect, choose

emanación glow

embalsamado embalmed

embarcar to board (*a boat*), embark

embargo: sin —— however, nevertheless

embelesado charmed, delighted, enraptured

embotamiento dullness

empeñar to pawn; ——**se** (**en**) to insist (on), persist (in)

empero nevertheless

empezar (**ie**) (**a**) to begin, start

empinarse to rise up

emplear to use

empleo employment, use

emprender to undertake

empresa company, firm

empujar to push

empujón *m.* push, shove

enamorarse (**de**) to fall in love (with)

encaminarse a to set out (head) for

encantado enchanted

encantador charming, delightful

encargar to order

encender (**ie**) to light

encendido bright, lit, burning

encerrar (**ie**) to enclose; to shut (lock) up

encima (**de**) on top (of); **llevar —— to have on one's person** ("on him")

encogerse: —— de hombros to shrug one's shoulders

encogido huddled
encomienda parcel
encontrar (**ue**) to find, meet;
——**se con** to meet, run into
encorvado curved
encristalado *adj.* glass
encuentro meeting; **al** —— **de**
to meet
enderezar to go straight; to
straighten out
enérgico energetic
enfadarse to get angry
enfermedad sickness
enfermería infirmary
enfermo injured, sick
enfriamiento chilling
enfundado encased, in a holster
enfurecido furious
engañado fooled, deceived
engarzado joined, set in
enhiesto erect, lofty
enjugar to wipe dry
enlazar to join, unite
enloquecer to drive crazy, mad-
den
enmohecido rusty
enmudecer to become silent
enojarse to get annoyed, angry
enorgullecer to become proud
enrojecido reddened, reddish
ensalmo: como por —— as if
by magic
ensangrentado bloody
ensayarse to try, attempt
enseñar to teach
ensillar to saddle
ensombrecido shaded, in
shadow
ensueño illusion, fantasy
entablado herded (*Arg.*)
entablar to initiate, start, begin

entender (**ie**) to understand;
——**se** to imagine, understand
enternecerse to be moved,
affected
entero entire, full
entonar to play (*on a musical
instrument*)
entonces then; **en ese** —— at
that time
entornado ajar
entrada entrance
entrar (**en**) to go (come) in,
enter
entrecerrado half-open
entregado: —— **a la meditación**
lost in meditation
entregar to give up, surrender,
hand over, deliver
entrelazar to intertwine
entrenamiento training
entretener (**ie**) to entertain
enturbiar to make muddy
entusiasmado enthusiastic
envenenar to poison
envidioso jealous, envious
envoltura covering, wrapping,
"skin"
envolver (**ue**) to wrap
envuelto *p.p. of* **envolver**
época time, era
equivaler to be equivalent (to)
equivocar to mistake
érase *imperf. of* **ser** once there
was (*used to begin a story*)
es: —— **que** the fact is that
esbelto slender, well-built
escala stop, stopping place
escalera stair, stairway, ladder
escalón *m.* step
escaparate *m.* display window
escapatoria escape

escasear to be scarce
escasez scarcity, lack
escena scene
escolar *adj.* school, academic
escondidas: a —— secretly
escribir to write
escrito *p.p. of* **escribir**
escuchar to listen (to)
escudero page, squire
escuela school
escupir to spit
esforzar (ue) to exert, strengthen
esfuerzo effort
esguince *m.* slight movement, jerk
esmalte *m.* enamel
esmeralda emerald
eso: por —— therefore
espalda back
espantado frightened
espanto fright
espantoso frightful, dreadful
espejismo mirage
esperanza hope
esperar to wait (for), hope, expect
especie *f.* kind, type
espera wait, waiting
espía *m.* spy
espina fishbone
espuma foam
espumoso foamy
esquina corner
estación season; station
estadística statistics
estado state
estallar to explode, break out (*war*)
estampa picture
estampido crack, report of a gun

estar to be, stand; **—— para (por)** to be about (ready) to; **——se** to be, stay, remain
este *m.* East
éste the latter
estilo: de —— usual, customary
estirar to stretch
esto: en —— just then
estómago stomach
estragar to despoil, ruin
estrago havoc, ruin
estrecho *adj.* close
estrella star
estremecerse to shake, tremble
estridente harsh, strident
estropear to injure, cripple
estrujar to wring, squeeze
estrujón *m.* squeezing, pressing
estupidez stupidity
etiqueta label
evitar to avoid
exigencia demand
expedición sale
expedientes *m. pl.* means, resources
expender to sell
explicación explanation
explicar to explain; **——se** to understand, see
expuesto liable, exposed
expulsar to expel, get rid of
extender (ie) to draw up (*a document*)
extraño strange
extravío aberration, deviation
extremo: en —— a great deal

F

fabricar to make
facción feature

facultad college, school (*of a university*)

fachada façade

falda slope

falta lack, need; **hacer** —— to be necessary, needed

faltar to be lacking, missing, needed (*e.g.* **lo que te falta** what you need); —— (**a**) to be absent (from)

fallecer to pass away, succumb

fallecimiento death

farra wild time, spree

fatigoso tiresome; **fatigosamente** laboriously

favor : **por** —— please

faz *f.* face

fe *f.* trust, faith; **digno de** —— trustworthy

fecundo fertile, fruitful

felicidad happiness

feliz happy

feo ugly

ferrocarril *m.* railroad .

ferrocarrilero *adj.* railroad

ferroviario *adj.* railroad

fidedigno trustworthy, creditable

fiebre *f.* fever

fiera beast

fierro *arch.* iron

fiesta holiday

figurar to have the shape of

figurilla *dim. of* **figura** shape, form, figure

fijar to fix, establish; ——**se** (**en**) to notice

fijo fixed

fila row, line

filiación description

filo line

filósofo philosopher

fin end; **al** —— finally; **al** —— **y al cabo** after all; **en** —— anyway (*exp.*); **por** —— finally, at last

finca farm

firmar to sign

flaco thin, skinny

flanco side, flank

flaquear to get weak

flecha arrow

flor *f.* flower

florero flower vase

fluctuante floating, fluctuating

follaje *m.* foliage

fonda inn

fondo bottom; background

forastero stranger (*from another city or town*)

forense *m.* coroner

forjado wrought, built, constructed

forma shape

fortuna : **por** —— fortunately

forzado compelled, forced

forzar (**ue**) to break open

fósforo match

fraile friar, monk

franquear to open, clear

frasco bottle, flask

frasquito *dim. of* **frasco**

fray brother (*religious title*)

frecuencia : **con** —— frequently, often

frenético frenzied

frente *f.* forehead; *adv.*, *prep.* —— (**a**) in front (of)

fresco *n.* cool, coolness; *adj.* fresh, cool

fresquito very fresh

frío *n. and adj.* cold

frotar to rub

fuego fire
fuente *f.* fountain
fuera away; —— (**de**) outside (of), out (of)
fuerte strong; ——**mente** tightly
fuerza(**s**) strength; **sin** ——**s** exhausted
fuga flight
fugitivo *adj.* escaped
fumar to smoke
furor *m.* rage, fury

G

gabinete *m.* cabinet
galería hall
galpón *m.* shed
gallina hen
gana desire, whim; **de buena** —— willingly; **de mala** —— unwillingly; **tener** ——**s de** to feel like
ganar to gain, win; ——**se el pan** to earn a living
gastar to waste, spend; ——**se** to wear out
gente *f.* people
gesto gesture
gira trip, visit
girar to spin, turn, swing, rotate
gis *m.* chalk
globo balloon
gobernar (**ie**) to rule, direct
golpe *m.* blow
golpear to hit
golpecito tap, rap
golpeo beating
gota drop
gotera leak
gozar (**de**, **con**) to enjoy
gracias thanks, thank you

grande (**gran**) big, large, great
gratias (*Lat.*) thanks
gris gray
gritar to cry out, shout
grito cry, shout
grosería rudeness, boorishness
grúa crane, derrick
grueso thick
gruñir to growl
gruta cavern, grotto
guardagujas *m.* switchman
guardar to keep
guarida den, lair
guerra war
guía guide, guidebook, directory; —— **ferroviaria** timetable
guijarro pebble
guiño wink
guisar to cook
guiso cooked dish
gula gluttony
gustar to be pleasing to, please
gusto pleasure

H

haber to have (*aux.*); to be (*impersonal*) (*e.g.* **hay** there is, are; **había** there was, were, *etc.*); —— **de** to be supposed to, be to; —— **que** to be necessary to
habilitación backing (*business*)
habitación room
habitante *m.* inhabitant
hablar to talk, speak; **dar que** —— to give occasion for comment, talk
hacendado rancher, landowner
hacer to do, make; *to show elapsed time* (*e.g.* **¿Hace mucho tiem-**

po que estás viviendo aquí? Have you been living here very long?; **Hace pocos días** A few days ago); —— + *weather expression* to be + *weather expression* (*e.g.* **Hace calor** It's hot); —— **daño** to hurt; —— **falta** to be necessary, needed; —— **saber** to inform, notify; ——**se** to "play," pretend (*e.g.* **No se haga el tonto** Don't play dumb); ——**se** + *n.* to become + *n.*; ——**se el sordo** to turn a deaf ear on

hacia toward

hacienda estate, ranch

hacha axe

hachar to chop

hachazo blow with an axe

hada fairy

hallar to find; ——**se** to be, be found

hambre *f.* hunger

hartarse to get one's fill

harto full, fed-up

hasta until, to, up to; even; —— **que** until

hay *3rd pers. sing. of* **haber** there is (are)

hazaña feat

hecho *p.p. of* **hacer**; **dicho y** —— no sooner said than done; **lo** —— that which was done

herboristería herb shop

herida wound, injury

herido wounded, injured, struck

hermano brother

hermoso beautiful, handsome

hervir (**ie, i**) to boil, seethe

hielo ice

hierro iron, piece of iron

hijo son, child

hinchado swollen (up)

hipócrita: a ——**s** hypocritical

hipotensión insufficient tension

historia story, history

historieta comic strip

hocico nose (*of an animal*)

hoja leaf

hogar *m.* home

holgazán *m.* idler, loafer

holgazanería idleness, laziness

hombre man

hombro shoulder

hondo deep

hongo mushroom

honradez honesty

honrado honest

hormiguear to swarm

hormigueo itching

horno oven

hoy today; **de** —— **en adelante** from today on

hoyuelo little hole

hubo *3rd pers. pret. of* **haber** there was (were)

hueco hollow, open space; **del** —— **del mostrador** from underneath the counter; *adj.* hollow; **a** ——**as** hollow

huella trace

huerto orchard

huésped *m.* guest

huir to flee

humedecer to wet, moisten

húmedo damp, wet, humid

humilde humble

humo smoke

humor *m.* mood, humor

hundirse to sink

hurgar to handle, move, agitate

I

ida: **de —— y vuelta** round-trip
idear to conceive the idea of
idilio idyll
idioma *m.* language
iglesia church
ignorar not to know, to be ignorant of
igual equal; **por ——** equally
igualado equalized, the same
impedir (**i**) to prevent
impermeabilizar to make waterproof
implacable relentless
importar to matter, be important
impracticable rough, impassable
imprevisible unforeseeable
impropio inappropriate, unsuited
imprudencia indiscretion
inadvertencia accident, oversight
inaudito unheard of, inconceivable
incapaz incapable
incendio fire, blaze
inconveniente *m.* objection; **tener —— en** to mind
increíble incredible
indecible inexpressible
indefenso defenseless
indigesto undigested
indistintamente indifferently, without distinction
inerte paralyzed
inexactitud inaccuracy
infeliz unhappy
informes *m. pl.* information

infortunio misfortune, bad luck
ingeniero engineer
ingenio talent, skill, cleverness
ingenuo candid, ingenuous
ingestión eating
ingravidez lightness, weightlessness
inmóvil motionless
inmovilidad motionlessness
inmutarse to become disturbed, lose one's composure
inquietarse to worry, become uneasy
inquieto restless, anxious, uneasy
inquietud uneasiness
insoportable insufferable, unbearable
intemperie *f.* bad weather
intempestivo sudden, unexpected
intentar to try
interminable endless
interrogar to question
intransitable impassable
inútil useless; **——mente** in vain
inutilizar to disable, render useless
inyectar to inject
ir to go; **——se** to go away, leave
irrespetuoso disrespectful
isla island
itinerario schedule, timetable
izquierdo *adj.* left

J

jadeo panting, heavy breathing
jamás never, ever
jaque mate checkmate (*chess*)

jaqueca severe headache

jardín *m.* garden; ——**es aéreos** roof gardens

jefe *m.* chief, leader

jinete *m.* rider (*on horseback*); cavalryman

joven young

joya jewel

jubilado retired

juego game

jugada move (*chess*)

jugar (**ue**) to play

juguete *m.* toy, plaything

juguetear to frolic, gambol

juntar to gather

junto together; —— **a** next to, against

jurar to swear, take an oath

justo exact

L

laberinto labyrinth

labio lip; **sellar los** ——**s** to silence

labrado carved, figured

lacrimógeno: gas —— tear gas

ladear to tilt, tip

lado side

lágrima tear

laja rock protruding out of the water

lamentable sorrowful, lamentable

lamento wail, lament

lámina sheet, layer

lancha launch

languidecer to be weak, languish

lanzar to launch, fling; to issue, let out

largo *n.* length; *adj.* long

lástima pity, sorrow; **tener** —— **de** to feel sorry for

lastimosamente painfully

lateral *adj.* side

látigo whip, lash

lavar to wash

Leandro N. Alem *street in Buenos Aires*

lecho bed

leer to read

lego lay brother, friar

legua league (*distance*)

legumbre *f.* vegetable

lejano *adj.* far, distant

lejos far; **a lo** —— in the distance

lengua language; tongue

lente *m.* lens

lento slow

leña firewood

letanía litany

letrero sign

levantar to raise; —— **vuelo** to take off; ——**se** to get (stand) up

leve light (*in weight*)

levitar to float

ley *f.* law

librarse (**de**) to be free (from), get rid of

libre free

librería bookstore

libreta memorandum book, notebook

libro book

ligado bound, fastened

ligadura bond, tie

ligero quick, fast; light (*in weight*)

lijado ground, worn-down

limitar to border, bound
limpio clean, neat; **sacar en** —— to gather, conclude
lindo pretty, nice
linfa stream
linterna lantern; —— **eléctrica** flashlight
listo ready
lo: —— **que** what, that which, which; —— + *adj.* the *adj.* part (*e.g.* **lo milagroso** the miraculous part)
lobo wolf
loco crazy, insane, wild
lodo mud
lograr to succeed (in)
loro parrot
losa stone, flagstone
lote *m.* lot, group
luciérnaga firefly
lucir to shine
lucha fight, battle, struggle
ludión *m.* Cartesian devil (*physics*)
luego then; immediately; afterward
lugar *m.* place; village
lujoso luxurious, lavish
luna moon
luto: de —— (dressed) in mourning
luz *f.* light

LL

llama flame
llamar to call, attract; ——**se** to be named (*e.g.* **Se llama Juan** His name is John)
llegada arrival
llegar (**a**) to arrive, get to; to manage

llenar (**de**) to fill (with)
lleno full
llevar to carry, take; —— **encima** to have on one's person ("on him"); ——**le la corriente** to let one have his own way; ——**se** to take away, carry off
llorar to cry, weep
lluvia rain

M

macizo flower bed
madre mother
madriguera den
madrugada dawn; **muy de** —— at daybreak
maestro teacher
Magdalena Mary Magdalene (*the repentant sinner of Biblical fame*)
magia magic
mágico magician
mago magician, sorcerer
majadería nonsense
majestuosamente majestically
majestuosidad majesty
mal *m.* sickness; evil, wrong; **«No hay —— que por bien no venga»** "Everything turns out for the best," "Every cloud has a silver lining"
maldecir (**i**) to curse, damn
maldición curse
maldito cursed, damned
malestar *m.* indisposition
malgastar to waste, squander
malo bad, evil; sick
mancha stain, spot
manchado stained
mandadero messenger

mandar to send; to command, order

manejar to drive (*a car*)

manera way; **de —— que** in such a way that, so; **de todas ——s** anyway

manga sleeve

manivela crank

mano *f.* hand; **—— de pintura** coat of paint

manotear to cuff, flail

manotón *m.* slap, slash with the paw

manta: a ——s "by the dozen", in abundance

mantenerse (**ie**) to stay, continue

manzana apple

mañana *f.* morning; *m.* tomorrow ;**—— mismo** tomorrow at the latest

máquina machine

maquinista *m.* engineer (*railroad*)

mar *m.* sea, ocean

maravilla wonder, marvel

maravillado in wonderment, marveled

maravillar to amaze, surprise

marco frame, window case

marcha motion, walk, course, advance; **en ——** moving, going (*e.g.* **El tren está en marcha** The train is moving); **poner** (**en**) **——** to start (*a vehicle or machine*)

marcharse to leave

marido husband

marino *adj.* sea

mármol *m.* marble

martillar to hammer

mas but

más more, most, anymore; **—— allá** farther on; **—— allá de** beyond; **—— bien** rather, more; **no . . . —— que** only; **sin ——** without further ado

matadero slaughterhouse

matar to kill

mayor *m. n.* adult; *adj.* older, oldest, greater, greatest

mayordomo butler

mediante by means of

medida measure; **a —— que** while, at the same time as

medio *n.* way, manner; middle; means; *adj.* half

mejilla cheek

mejor better, best

mejorarse to improve, get better

memoria: de —— by heart

mendicante *m.* beggar

menor slightest, smallest

menos less, least; **a —— que** unless; **no poder —— de +** *inf.* not to be able to help but + *v.* (*e.g.* **No se podía menos de imaginarlos** One could not help but imagine them); **por lo ——** at least

mercado market

merced *f.* favor

merecer to deserve

merienda luncheon, light meal (*taken in the afternoon*)

mes *m.* month

mesa table

meter to put into

meticulosidad meticulous care

miaja bit

miedo fear; **tener —— (de)** to be afraid (of)

mientras while; —— **tanto** meanwhile

milagrero miracle-maker

milagro miracle

milagroso miraculous

mimar to spoil, indulge

mimbre *m.* wicker

minar to sap, weaken

mirada glance, gaze, look

mirar to look (at)

misa mass (*church service*)

mísero miserable

mismo same, -self, very; **ahora** —— right now; **el** —— **rey** the king himself; **mañana** —— tomorrow at the latest; **yo** —— I myself; **el agua** ——**a** the very water

mitad half, middle

mobiliario furniture

modo way, manner; **a** —— **de** in the manner of, like; **de** (**tal**) —— **que** in such a way that

mojar to wet; ——**se** to get wet

moler: —— **a palos** to give a severe beating

molestarse (**en**) to bother, take the trouble (to)

molestia bother, trouble

moneda coin

mono monkey, ape

montaña mountain

montar to ride (*on horseback*)

monte *m.* woods

morder (**ue**) to bite, gnaw

moribundo dying

morir (**ue, u**) to die

morisco Moorish

mortífero deadly, lethal

mostrador *m.* counter

mostrar (**ue**) to show; ——**se** to appear, look

motivo reason, motive; occasion

movedizo shifting, moving

movimiento motion

mozo boy, lad; waiter

muchacho boy

muchedumbre *f.* crowd

mudo mute

mueca grimace, grin

muelle *m.* wharf, pier

muerte *f.* death

muerto *p.p. of* **morir**; *adj.* dead

mugriento dirty, grimy

mujer woman, wife

mundo world; **todo el** —— everyone

muñeco manikin, dummy

murmullo murmur

murmurar to gossip; to murmur

muro wall

músico musician

muy very

N

nada nothing, anything; not at all

nadar to swim

nadie no one, anyone

naranja orange

narices *pl. of* **nariz**

nariz *f.* nose, nostril

neblina fog, mist

necesitado needy person

necesitar to need

negar (**ie**) to refuse, deny; ——**se** (**a**) to decline, refuse (to)

negocios *pl.* business, commercial affairs

ni neither, nor; not even; —
 siquiera not even; **ni . . . ni**
 neither . . . nor
niágara stream (*poetic*)
nido nest
nieto grandson
nieve *f.* snow
ninguno (**ningún**) no, none, no
 one, any
niña little girl, child
niño little boy, child
noche *f.* night
nombramiento appointment
noticias *pl.* news; **recibir —**
 de to hear from
novio boy friend
nube *f.* cloud
nubecilla *dim. of* **nube**
nublado cloudy
nuca back of the neck
nuevamente again
nuevas *pl.* news
nuevo new; **de —** again
nunca never, ever

Ñ

Ñireco, El *town in Río Negro*
 province of Argentina

O

o or, either; **o . . . o** either . . . or
obispado bishopric
obispo bishop
oblicuamente slanting, obli-
 quely
obligado obliged
obra work, deed
obrar to work, operate
ocaso setting sun

ocultarse to hide
oculto hidden
odiar to hate
oeste *m.* West
ofrecer to offer
¡oiga! *pr. subj. of* **oír** Hey!, Listen!
oír to hear, listen; — **decir** to
 hear, hear it said
ojalá may, I hope, God grant
 (*e.g.* **Ojalá que te acompañe**
 siempre May it always be
 with you)
ojo eye
ola wave
óleo oil
olor *m.* smell, odor
olvidar to forget; —**se** (**de**)
 to forget
olvido forgetfulness, oblivion
onda ripple
onde *coll. for* **donde**
opinar to have an opinion,
 judge
oponerse (**a**) to oppose
optar (**por**) to choose (to)
oración prayer
orden *f.* order, command; **a**
 sus —es at your service; *m.*
 order
ordenadamente in an orderly
 manner
oreja ear
orfeón *m.* singing society
orgullo pride
orilla shore, bank
oro gold
orondo serene (*Arg.*)
oscurantismo ignorance
oscurecer to get dark
oscuridad darkness
oscuro dark

otro other, another; **otra parte**
elsewhere; **otra vez** again;
al —— día on the next day;
unos a ——s each other
oyente *m.* listener

P

pacífico peaceful
padecer to suffer
padre father
padrino godfather
página page
paisaje *m.* landscape, view
paja straw
pajarera bird cage
pájaro bird
pajonal *m.* area of tall grass
palabra word
palidez paleness, pallor
pálido pale
palma palm tree
palmada pat with the hand
palmera palm tree
palmotear to clap, slap
paloma dove, pigeon
palometa *small river fish of
voracious nature*
palos: moler a —— to give a
severe beating
pampa extensive plain
pan *m.* bread; **ganarse el ——**
to earn a living
pantalón *m.* (*generally pl.*) pants,
trousers
pantalla lamp shade
pantorrilla calf (*of the leg*)
pañuelo handkerchief
Papa *m.* Pope
papado papacy
papel *m.* paper

papeleta ticket, slip of paper
par *m.* pair, couple, few; **a la
—— de** even with
para for, to, in order to; ——
abajo downward; —— **arriba**
upward; —— **que** so that;
—— **siempre** forever; **estar
——** to be about (ready) to
parada stop
Paraná, **el** Parana River (*it has
its source in Brazil and separates
Paraguay from the Misiones province of Argentina*)
parecer to seem, look like,
appear; **¿Qué te parece?** What
do you think of it? How do you
like it? **——se a** to look like,
resemble
pared *f.* wall
paredón *m.* thick wall
pareja couple
parte: alguna —— somewhere;
otra —— elsewhere; **todas
——s** everywhere
partida game, match
partir to leave, depart; to break,
split, share
partitura musical score
pasajero passenger
pasamanos *m.* railing
pasar to spend (*time*); to pass,
happen; to enter, come (go) in;
to swallow (*food or drink*); **¿Qué
pasa?** What's the matter?
paseante *m.* stroller
pasear to walk, stroll; to pass;
to go on a pleasure trip
pasiar *coll. for* **pasear**
pasillo *popular dance tune*
pasmo wonder, astonishment
paso passage, passing, way,

crossing, path; step; **de** —— in passing, by the way; **dar un** —— to take a step

pastoso pasty

pata paw, leg (*of an animal*)

Patagonia *province in southern Argentina*

paternidad: su —— your grace

patio yard

patitieso stupefied

patria country, fatherland

pausadamente slowly, deliberately

paz *f*. peace; **en** —— alone

pebete *m*. fuse

pecho chest, breast

pedir (**i**) to ask (for), order

pedrada blow from a stone, stoning

pegado attached, stuck

pegar to stick; —— **un brinco** to jump

pejerrey *m*. mackerel

pelear to fight

peligroso dangerous

pelota ball

peludo hairy, furry

pena pain, sorrow

penacho crest

pensar (**ie**) to think; —— **en** to think about (of)

pensativo thoughtful, pensive

peón *m*. farm worker

peor worse, worst

perder (**ie**) to lose; —— **pie** to lose one's footing; ——**se** to lose one's way, disappear

perdiz *f*. partridge

perdonar to excuse

perfil *m*. profile

periódico newspaper

perito expert

permanecer to stay, remain

pero but

perplejo perplexing

perro dog

persecución pursuit

perseguir (**i**) to chase, pursue

personaje *m*. person, character

personal *m*. personnel

pertenecer to belong

pesado heavy, weighty

pesar to weigh, have weight; *m. n.*: **a** —— **de** in spite of; **a** —— **mío** against my wishes

pescado fish (*usually after it is caught*)

pescar to fish

peso weight; peso (*the national monetary unit in some Spanish American countries*)

pétreo stony

pez *m*. fish (*before it is caught*)

pica lance

picadura sting

picar to sting

picardía: con —— roguishly

pico beak

pie *m*. foot; **perder** —— to lose one's footing; **ponerse en** (**de**) —— to stand up

piedad pity

piedra stone

piel *f*. skin

pierna leg

pieza part (*of a machine*), piece; room

pillar to catch, grab

pinchar to prick

pintado painted

pintar to paint

pintoresco picturesque

pintura paint; **mano de ——**
coat of paint
pirueta pirouette
pisada footstep, step
pisar to step on
piso floor
pisotear to trample
placer *m.* pleasure
plano blueprint, plan
plata money, "dough", silver
platanar *m.* group of banana
trees
plateado silvered
playa beach
plaza public square, park
Plaza de Mayo *one of the main
squares of Buenos Aires*
plazo term, period of time
plazuela *dim. of* **plaza**
plegada fold
plenamente fully, completely
pleno: en ——a selva right in
the middle of the jungle
plomo lead (*metal*)
pluma feather, pen
población town
poblar (ue) to populate
pobre poor
pobrecillo poor thing!
poco *n.* little, little bit; *adj.* little,
few, not many
poder (ue) to be able to, can;
no —— más not to be able
to go on (stand anymore), to
be all tired (worn) out, to be
"all in"; **no —— menos de**
+ *inf.* not to be able to help
but + *v.* (*e.g.* **No se podía
menos de imaginarlos** One
could not help but imagine
them); **puede que** maybe

poderío power
poderoso powerful, mighty
policía *m.* policeman; *f.* police;
cuerpo de —— police force
pólvora powder
poner to put, place, set; ——
(en) marcha to start (*a vehicle
or machine*); **——se** + *adj.* to
become, get + *adj.*; **——se** +
article of clothing to put on;
——se a to begin to; **——se de
acuerdo** to come to an agreement; **——se en (de) pie** to
stand up
poquito *dim. of* **poco**
por for, by, through, along, over,
on account of, because of;
—— eso therefore; **—— favor**
please; **—— fin** finally, at last;
——si acaso just in case;
estar —— to be about to
porque because
portentoso prodigious, marvel-
ous
porteño *adj.* port
pórtico hall, portico
porvenir *m.* future
postergar to delay, put off
postre: a la —— at last
potasio: cianuro de —— potassium cyanide
potrero pasture
potro colt
poyo stone seat
práctica practice
precio price, cost
precipitado hasty, wild
precipitarse to rush
preguntar to ask; **—— por** to
ask about
premio prize

prenda article
prendedor *m.* pin, brooch
prendido (**de**) grasping, holding on (to)
preocupar to worry
prescribir to indicate
presidio prison
préstamo loan
prestar to lend
prevenir (**ie**) to warn, caution
prever to foresee, anticipate
previsión foresight
previsor foresighted
previsto *p.p. of* **prever**
primera: de — first class
principio beginning; **al —** at first
prisa hurry, haste; **tener —** to be in a hurry
privar to deprive
proferir (**ie**, **i**) to utter, speak
profesor *m.* teacher
prófugo fugitive
profundidad depth
progresista progressive
prometer to promise
pronto soon, quickly; ready; **de —** suddenly; **por de —** in the meantime
propicio favorable, right, propitious
propiedad: con — properly
propietario owner
propio own; characteristic; -self (*e.g.* **la propia botella** the bottle itself)
proponerse to plan, intend
proporcionar to furnish, provide
propósito purpose
proseguir (**i**) to go on, continue
protegido protected

provisto provided
próximo near, approaching, next
prueba proof, test, trial; **viaje de —** trial run
¡puaf! bah! (*or any similar exclamation of exasperation*)
puchuela trifle, insignificant sum
pueblecito *dim. of* **pueblo**
pueblo town
puente *m.* bridge
puerta door
puerto waterfront, harbor
pues well (*expl.*); since, because; **— bien** well then
puesto *p. p. of* **poner**; **— que** since
pulsar to feel one's pulse
punta tip, end
puntapié *m.* kick
puntear to play, strum
puntería marksmanship, aim
punto dot, point; popular song
puñalada stab
puño fist

Q

que who, whom, which, that; the fact that (*e.g.* **a pesar de que** in spite of the fact that); than, as; **el** (*and other articles*) **—** he (she) who, the one(s) who (which, that), those who (which, that); **lo —** what, that which, which; **no . . . más —** only (*e.g.* **no tengo más que tres** I have only three); **¡Qué** + *adj.*! How + *adj.*!; **¡Qué** + *n.*! What (a) + *n.*!
quedar to remain, be, be left; **—se** to stay, remain
quedo quiet, still

queja complaint
quejumbroso plaintive
quemar to burn
querer (**ie**) to want, wish, try; to love, like; —— **decir** to mean; **sin** —— unintentionally
querido dear
quien who, whom, one who, those who, people who
quieto still, motionless
quimera unreal creature of the imagination
quinta farm
quitar to take off, away; ——**se** + *article of clothing* to take off
quizá perhaps, maybe

R

rabia rage, fury
rabiosamente furiously
rama branch
rapidez speed, rapidity
raro strange
rascacielos *m.* skyscraper
rasgar to scratch vigorously
raso: cielo —— ceiling
raspar to scrape, scratch
rato time, while
raya sting ray (*fish*); line, streak, stripe
rayo streak of lightning
razón *f.* reason; **tener** —— to be right
rebuscar to search carefully
recargo extra charge, new charge
recibir: —— **noticias** (**de**) to hear (from)
reclamar to claim, demand
recobrarse to recover, recuperate

recodo turn, bend, winding
recogido: con los pies ——**s** with their feet tucked under
recomenzar (**ie**) to begin again
reconocer to recognize
reconvenir (**ie**) to reproach, reprimand
recordar (**ue**) to recall, remember, remind
recorrer to travel (go) through (over)
recorrido search, check
recortado outlined
recruzar to recross
recto straight
recurso means
rechazado pushed back
red *f.* net
redondo round
referir (**ie, i**) to relate, tell; ——**se a** to refer to
refitolero monk in charge of a monastery dining hall
refrán *m.* proverb
refuerzo reinforcement
refugiarse to take refuge(shelter)
refunfuñar to growl, mutter
regalar to present, give as a gift
regaño scolding, reprimand
registro record
regresar to return
regla: en —— in order, in proper form
reina queen
reino kingdom
reír(se) (**i**) to laugh
relámpago lightning, flash of lightning
relato story, narrative
reloj *m.* watch, clock
relucir to glitter, glisten

relleno stuffed

remedio solution, remedy choice (*e.g.* **No tuve más remedio que salir** I had no choice but to go out)

remendar (**ie**) to patch, repair, fix up

remover (**ue**) to stir, move around

remozarse to become younger

renguear to limp

reojo: de —— suspiciously

repente: de —— suddenly

repentinamente suddenly

repleto crowded, full

replicar to reply

resbalarse to slip

resecar to dry thoroughly

resolver (**ue**) to solve

resonar (**ue**) to resound, echo

respecto: —— a with respect to

respetuoso respectful

resplandecer to gleam, shine

resplandeciente shiny, luminous

respuesta reply

restablecido recovered, recuperated

restregar (**ie**) to rub

resuelto *p.p. of* **resolver**; determined; prompt

resultado result

resultar to be, turn out (to be), end in

retirarse to withdraw, retreat

retozar to frolic, caper

retroceder to retreat, move backward

reunir to gather, collect

revés reverse, back; **al ——** in reverse, backward; **al —— de** just the opposite from

revisar to examine

revolverse (**ue**) to move back and forth

revuelto intricate

rey king

riel *m.* rail

rincón *m.* corner

río river; **—— abajo** down the river; **—— arriba** up the river

risa laugh, laughter

roce *m.* poise; brushing, rubbing

rodeo: sin ——s without "beating around the bush," straight to the point

rodilla knee

rogar (**ue**) to beg, request

rojo red

rollizo sturdy, stocky

rombo diamond (*figure*), rhombus

romper to break, tear

roncar to roar

ropero wardrobe

rosado rose-colored

rostro face

roto *p.p. of* **romper**

rubio blond

rubor *m.* blush, flush

rudo hard, vigorous

rueda wheel

rugido roar

rugir to roar

ruidoso noisy

rumbo course, direction; **—— a** bound (headed) for, on the way to

rumor *m.* noise, sound

S

sábana sheet

sabandija nasty insect, vermin

saber to know, know how; to find out; **hacer ——** to inform, notify

saborear to relish, enjoy

sacar to take out; **—— en limpio** to gather, conclude

sacudida shake

salida exit; departure

salir to leave, go (come) out, get out

salón *m.* room

salpicado sprinkled

saltar to jump, leap

salto jump, leap; **dar un ——** to jump, take a jump

salud *f.* health

saludar to greet, hail

saludo greeting

salvador *m.* saviour

salvar to save; to cross (*an obstacle*)

San Lorenzo St. Lawrence

sangrar to bleed

sangre *f.* blood

sangriento bloody

sano sound, healthy, harmless

santidad: Su Santidad His Holiness

santo *n.* saint; *adj.* holy, saintly

satisfecho satisfied; **darse por —— ** to be satisfied

secar to dry

seco dry

sed *f.* thirst

seda silk

seguida: en —— right away, at once, immediately

seguir (**i**) to follow, continue, keep on

según according to; as

segunda: de —— second class

seguro safe, sure, secure

selva jungle, forest

sellar to seal; **—— los labios** to silence

semana week

semejante similar

sementera cultivated field

semidormido half-asleep

sencillo simple

sendero path

seno bosom

sensible sensitive

sentar (**ie**) to seat; **——se** to sit down

sentenciar to pass judgment, decide

sentido meaning, sense

sentimiento feeling

sentir (**ie, i**) to feel, regret; **——se** to feel

señal *f.* signal, sign

señalar to show, point out

señas *pl.*: **por más ——** to be exact, more specific

señor (gentle)man, lord; sir; Mr.

señora lady, woman

señorío stateliness, elegance

separado: por —— separately

ser to be; **como es de imaginar** as one might imagine; *m.* being

seráfico Franciscan (*pertaining to a religious order founded by St. Francis of Assisi*)

serenar to calm

seriedad seriousness

servidumbre *f.* staff of servants

servir (**i**) to serve; **—— de algo** to do any good; **—— para** to be good for

si if; why (*exp.*)

siempre always; **para** —— forever

sien f. temple (*of head*)

Sierra Madre *two parallel mountain ranges in Mexico*

siglo century

siguiente following, next

silbido whistle

silla chair

sillón m. chair, easy chair

simpático nice, pleasant

sin without: —— **embargo** however, nevertheless; —— **fuerzas** exhausted; —— **más** without further ado

síncope f. failure (*medical*)

siniestro sinister

sino but, except; —— **que** but, rather

siquiera at least, even; **ni** —— not even

sirviente, -a servant

sitio place, spot

smoking m. dinner jacket

sobrar to be more than enough, exceed

sobre on, over, above; about; —— **todo** especially

sobrepasar to exceed, surpass

sobreponerse to recover

sobrino nephew

socavar to undermine

socio member, partner

socorro help, aid; **dar voces de** —— to call for help

sol m. sun; **de** —— **a** —— from sunup to sundown

solamente only

solazo hot sun

soler (ue) to be in the habit of, to be accustomed to

solidez solidity, weight

solo alone, lone, single

sólo adv. only

soltar (ue) to let go of, loosen, set free

sombra shade, shadow; **a la** —— in the shade

sombrero hat

sombrío dark, shadowy

sonar (ue) to sound, ring

sonido sound

sonreír(se) (i) to smile

sonriente smiling

sonrisa smile

sonrosado pink

soñador dreamy

sopa soup

soplar to blow

soportar to stand, endure, bear

sordo deaf; muffled; **hacerse el** —— to turn a deaf ear on

sorprendente surprising

sorprendido surprised

sorpresa surprise

sospechar to suspect

sostenerse (ie) to hold on, endure

suave soft

subir to rise, go up; to raise; —— **a** to get on (in) (*a vehicle*)

succionar to hold by suction

suceder to happen, occur; to turn out

suceso event

sucio dirty, filthy

sudor m. sweat

suela shoe

suelo floor, ground

sueño sleep, sleepiness

suerte f. luck, fate; **de** —— **que** so that; **por** —— luckily, fortunately; **tener** —— to be lucky

sugerir (**ie**, **i**) to suggest
sumamente exceedingly, highly
sur southern
surco furrow
surgir to come into existence
suscribir to sign
suspirar to sigh
suspiro sigh
sustraerse to withdraw, elude
sutil subtle
sutileza subtlety
suyo: de —— naturally

T

tablero chessboard
taconear to strut, put one's heels down hard
tajamar *m.* breakwater
tal such, such a; **—— como** just as; **—— o cual** such-and-such, so-and-so; **—— vez** perhaps; **de —— modo que** in such a way that
taladrar to drill, bore into
talón *m.* heel
tamarindo tamarind (*a large tropical tree*)
tambalear to stagger
también too, also
tampoco neither, either
tanque *m.* reservoir, tank
tanto so much (many), as much (many); **mientras ——** meanwhile; **un ——** somewhat
tapar to stop up, plug
tardar to delay, be late
tarde *f.* afternoon; *adv.* late
tarea task
tarifa fare
tarima low bench

tartamudear to stammer
taza cup
techo roof
teja roof tile
tejer to weave
tela cloth, fabric
temblar (**ie**) to tremble, shake
temblor *m.* tremor
temer to fear
temeroso afraid
temor *m.* fear
templar to harden, temper
temprano early
tenazmente tenaciously
tender (**ie**) to spread, stretch out; **——se** to stretch out
tener (**ie**) to have, hold; to be; **—— a bien** to see fit, find convenient; **—— inconveniente en** to mind; **— lástima de** to feel sorry for; **—— miedo** to be afraid; **—— prisa** to be in a hurry; **—— que** to have to; **—— razón** to be right; **—— suerte** to be lucky; **—— ...años** to be ... years old
tenue thin, light
teñir (**i**) to tinge, stain, darken
terreno earthly, terrestial
tesoro treasure
testarudo stubborn
testigo witness
tía aunt
tibio warm
tiempo time; weather; **a ——** on (in) time
tienda shop, store
tierra earth, land
timbre *m.* tone, quality
tinieblas *pl.* darkness
tinta ink

tío uncle

tirar to pull; to throw; to shoot

tiro shot

tirón: de un —— all at once

titubear to hesitate

tocadiscos *m.* juke box, record player

tocar to touch; to play (*a musical instrument*)

todavía yet, still

todo all, every, everything; **——as partes** everywhere; **—— el mundo** everyone; **a —— trance** at any cost; **de ——as maneras** anyway; **del ——** completely; **sobre ——** especially

tomar to take; to eat, drink; **—— asiento** to be seated; **—— en cuenta** to take into account; **——lo a la tremenda** to be surprised, get excited; **——sela con** to have a grudge against, pick on, quarrel with

tonelada ton

tontería foolishness, nonsense

tonto foolish, silly

tornarse to turn

tornasolado iridescent

torre *f.* tower; **—— negra** rook (*chess*)

torrentera ravine

torta loaf

trabajo work, difficulty

traer to bring

trago swallow, gulp

tramo section, link, division

trampa trick, trap

trance: a todo —— at any cost

tranquear to bound, take long strides

transcurrir to pass, elapse

transeúnte *m.* passer-by

transitoriamente temporarily

transportarse to be carried away

transporte *m.* rapture, ecstasy

tranvía *m.* streetcar

trapo rag

tras after, behind; **—— de** behind

traslado moving

traspirar to perspire

trastienda back room

trastorno disorder, disturbance

tratar to treat; **——(de)** to try (to); **——se de** to be a question (matter) of

través: a —— de through, across

travieso mischievous

trayecto section, stretch

tremenda: tomarlo a la —— to be surprised, get excited

trémulo trembling

trepar to climb

trillo footpath

tripulante *m.* crew member

triste sad

tristeza sadness

trocarse (**ue**) to be transformed

tronco trunk

tropezar (**ie**) (**con**) to stumble (against)

tropilla herd

trueno thunder

tuerca nut (*metal*)

turbio turbulent, muddy

tutear to speak in the familiar **tú** form

U

u or
último last; **últimamente**
lately
umbral *m.* threshold
único only
unir to join, unite
unísono: al —— all together
unos: —— a otros each other;
—— cuantos a few, several
uña claw, fingernail
urbanidad politeness, manners
usar to wear, use
usurero money lender

V

vaca cow
vaciar to empty
vagabundear to roam around
vagar to roam, wander
vagón *m.* railroad car; **—— capilla ardiente** funeral chapel
car
valer to be worth, be of value
valija suitcase, valise
valioso valuable
valor *m.* courage; worth, value
válvula valve
vamos *1st pers. pl. of* **ir** Come on,
Let's go; **—— a** + *inf.* Let's
+ *v.*
vapor *m.* steam
vaqueta type of leather
varios *pl.* several
varón man, male
vaso glass (*container*)
veces *pl. of* **vez**; **a ——** sometimes, at times
vecino *n.* neighbor; *adj.* nearby

vedar to obstruct, forbid; ——
el paso to block the way
veloz swift, fleet, rapid
velludo hairy
vena: estar en —— de to be
in the mood for
venalidad corruptibility
vencer to conquer, defeat
vendar to bandage
vendedor *m.* clerk
veneno poison
venenoso poisonous
venida coming
venir (**ie**) to come; to fit
venta sale
ventana window
ventanilla *dim. of* **ventana** window (*of a vehicle*)
venturoso lucky, successful,
prosperous
ver to see; **a ——** let's see; **——se**
to find oneself
verano summer
veras *pl.*: **de ——** really
verdad truth, true; **¿——?**
isn't it? aren't they? *etc.*; **a
decir ——** to tell the truth;
de —— que really
verdadero real, true
verde green
verdura vegetation, foliage
verja iron railing
vertiginoso dizzy
vértigo dizziness, dizzy spell
vestíbulo hall
vestido dressed
vestirse (**i**) to dress, get dressed
vete *imp. of* **irse** Go away! Get
out! Leave!
vez time; **a ——ces** sometimes,
at times; **a su ——** in turn;

de —— en cuando from time to time, now and then; **en —— de** instead of; **otra ——** again; **tal ——** perhaps; **una ——** once

vía track (*railroad*)

viajar to travel

viaje *m.* trip, journey; **—— de prueba** trial run

viajero traveler

Vialidad *town in Río Negro province of Argentina*

vida life; **con ——** alive

vidriera large window

vidrio glass

viejecillo *dim. of* **viejo**

viejo old

viento wind

vientre *m.* belly

vigilante *m.* watchman, guard

vigilar to watch over, stay on guard

vilano down of a thistle

vilo: en —— up in the air

vino wine

violín *m.* violinist

violoncelista *m.* cellist

virrey *m.* viceroy

visitante *m.* visitor

visto *p.p. of* **ver: por lo ——** apparently

viuda widow

viva *3rd pers. pr. subj. of* **vivir** Long live . . .!, Hurray for . . .!

víveres *m. pl.* food, provisions

vivir to live

vocación calling, vocation

voces *pl. of* **voz**

volandas: en —— in the air, as if flying

volante *m.* balance wheel

volar (**ue**) to fly; **——se** to fly away

volver (**ue**) to return, come (go) back; to turn; **—— a** + *inf.* to do again (*e.g.* **Volvió a ocupar su asiento** He sat down again) **——se** to turn around

voz *f.* voice; shout, call; the "word"; **dar voces de socorro** to call for help

vuelo flight; **levantar ——** to take off

vuelta: dar —— to turn around; **dar una ——** to take a walk; **ida y ——** round-trip

vuelto *p. p. of* **volver**; turned

Y

y and

ya already, now, then; **—— está** there!, (*exp.*) O.K.!; **—— lo creo** of course!, yes, indeed!; **—— no** no longer, not anymore; **—— que** since

yacer to lie

Z

zafar to dislodge

zapato shoe

zarpa paw

zarpazo blow with the paw

zorro fox

zozobra sinking, floundering

zumbido buzzing

zurdo left-handed, clumsy

Supplementary Vocabulary for Taped Stories

FIRST STORY

agonizar to die slowly
ahorcar to hang
alcanzar to reach
alimentar to feed, nourish
amorosamente lovingly
aquelarre *m.* witches' sabbath
arrebatar to carry off
áspero rough
ataviar to adorn, bedeck
aurora dawn
avestruz *m.* ostrich
azar *m.* chance, unforeseen happening
bruja witch
bufonada trick, jest
cabra goat
carbón *m.* coal
carnecita little body
cobre *m.* copper
corte *f.* court
crimen *f.* crime
cuna cradle
dedicarse to devote oneself
descarnado lean
descuidado unkempt
dosel *m.* canopy
embajador *m.* ambassador
embriagarse to become intoxicated
encaje *m.* lace
enfermera nurse
engendrar to beget, produce
entretanto in the meantime
enviar to send
esclavo *adj.* enslaved
espuela spur

faena task
fantasma *m.* spirit, ghost
flor: en — blossoming
gemir (i) to moan
gorro cap
huella print
hueso bone
ladrona thief
lavandera washerwoman
leñador *m.* woodcutter
lepra leprosy
leproso leper
limosna alms
manjar *m.* dish
matrimonio married couple
narrador narrator
ocioso idle
orgulloso proud
oso bear
palo stick
pelo hair
pulcro neat, clean
puñado handful
púrpura purple cloth
recoger to pick up
recuerdo memory
reinar to rule
rubio blond
sabroso delicious
secarse to wither, become lean
soberbio superb
socorrer to aid
solas: a — alone
sollozar to sob
sorprender to surprise
sospechar to suspect

suplicar to beg, plead
terciopelo velvet

útil useful
valle *m.* valley

SECOND STORY

abrir: — paso to clear the way
absoluto: en — at all
aguja needle
alguna: — vez ever
angosto narrow
antaño long ago, "yesteryear"
anticipo advance (*money*)
añadido addition
apartar to take away
arete *m.* earring
argumento plot (*of a book, etc.*)
arrepentirse (**ie**, **i**) to repent
así: siendo — in that case
atropellar to trample
azada hoe
brotar to appear, spring forth
burdo coarse
callar to be quiet
campesino farmer
ceniza ash
comerciante *m.* businessman
complaciente agreeable, kind
componer to fix, adjust
compra purchase
comprometerse to commit (bind) oneself
corbata necktie
cosa: gran — much, very much; **— de pensarlo** something to think about
crepúsculo twilight
criterio judgment, discernment
dar: —se prisa to hurry
dato fact
debido due
decir: es — that is to say

delantal *m.* apron
descanso rest
deseoso desirous
desesperante desperate
deslumbrado puzzled
desquiciarse to become unhinged, disordered
destartalado poorly furnished
desteñido faded
diablo devil
disgustado displeased
dormirse (**ue**, **u**) to fall asleep, go to sleep
echar: — de menos to miss
efectivamente in effect, as a matter of fact
embolsar to pocket
entenderse (**ie**) to get along
entrada admission
esfumado blurred
estrechez austerity, poverty
estremecimiento shudder
fulgor *m.* brilliancy
gastado worn out
gracioso funny, humorous
gran: — cosa much, very much
guía *m.* guide (*person*)
hace: — poco a little while ago; **no — mucho** not long ago
humedad dampness
inclinado bowed, tipped
interlocutor *m.* interlocutor (*one who takes part in a conversation*)
ir: — + *gerund* to be gradually + *gerund*
ladino crafty, cunning
leve slight

limpiar to clean
manifestar (ie) to show; **—se** to appear
manjares *m. pl.* food
marchar to go
mejorar to improve
molesto bothered
noche: de — nighttime
nudo knot
pantalla screen (*movie*)
parte: de — de on the side of
pasillo hall, corridor
paso: abrir — to clear the way
película movie, film
pensamiento thought
perder (ie) to waste
perjudicado damaged, injured, "bested"
pliego sheet of paper
polvo dust
porque *sometimes used in place of* **para que** in order that
prisa: darse — to hurry; **de —** hurriedly
proponer to propose
puñados: a — by the handful
reflexionar to reflect
rehusar to refuse
remordimiento remorse
renovarse to be renewed
reparar to repair

reponer to reply
riqueza wealth
rodear to surround
rumbo (a) "way out"
salón *m.* theater
semilla seed
sentar (ie): —le mal a uno to disagree with one, not to suit one
señor: — mío my good man
sigilosamente secretly
signo sign
simpatía liking, friendly feeling
soltarse (ue) to break loose
sombrío gloomy, somber
son *m.*: **en — de** by way of
sudoroso sweaty
sueño dream
sujetar to hold
sumido sunk, immersed
tanto: en — que while
ternura tenderness
traje *m.* dress, suit
trasponer to pull across
trato: — hecho It's a deal
trazar to draw
turbación confusion
turbado disturbed, upset
venirse (ie) to come
vestido dress
vez: alguna — ever
vivamente deeply, intensely

ADDITIONAL EXPRESSIONS:

Ya llegarás al séptimo año, ya Just wait until the seventh year.
al diablo le salieran mal estas cosas these things turned out badly for the Devil
se le han ido ya de las manos have already escaped his clutches
¿qué concepto le merece? What is your considered opinion of him?
Hice como que I pretended that
resulta por demás una presentación an introduction is not at all necessary

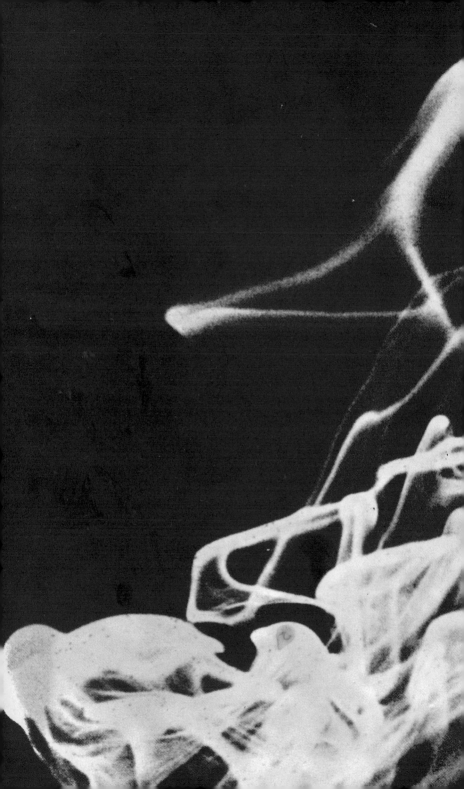